U0654883

老科学家学术成长资料采集工程
中国科学院院士传记丛书

与肿瘤相识
与衰老同行

童坦君传

甄橙 胡云天 刘赫铮◎著

生物化学

（第2版）

主编 童坦君 李 刚

iochemistry

中国科学技术出版社
·北 京·

图书在版编目（CIP）数据

与肿瘤相识　与衰老同行：童坦君传 / 甄橙，胡云天，刘赫铮著 . —北京：中国科学技术出版社，2021.3（2024.7 重印）

（老科学家学术成长资料采集工程丛书 . 中国科学院院士传记丛书）

ISBN 978-7-5046-8985-6

Ⅰ.①与… Ⅱ.①甄… ②胡… ③刘… Ⅲ.①童坦君—传记 Ⅳ.① K826.2

中国版本图书馆 CIP 数据核字（2021）第 034173 号

责任编辑	韩　颖
版式设计	中文天地
责任校对	张晓莉
责任印制	徐　飞

出　　版	中国科学技术出版社
发　　行	中国科学技术出版社有限公司
地　　址	北京市海淀区中关村南大街 16 号
邮　　编	100081
发行电话	010-62173865
传　　真	010-62173081
网　　址	http://www.cspbooks.com.cn

开　　本	787mm×1092mm　1/16
字　　数	218 千字
印　　张	14.5
彩　　插	2
版　　次	2021 年 3 月第 1 版
印　　次	2024 年 7 月第 2 次印刷
印　　刷	德富泰（唐山）印务有限公司
书　　号	ISBN 978-7-5046-8985-6 / K·289
定　　价	79.00 元

老科学家学术成长资料采集工程
领导小组专家委员会

主 任：韩启德

委 员：（以姓氏拼音为序）

陈佳洱　方　新　傅志寰　李静海　刘　旭
齐　让　王礼恒　徐延豪　赵沁平

老科学家学术成长资料采集工程
丛书组织机构

特邀顾问 （以姓氏拼音为序）

樊洪业　方　新　谢克昌

编 委 会

主　编：老科学家学术成长资料采集工程领导小组办公室

编　委：（以姓氏拼音为序）

定宜庄　董庆九　郭　哲　胡宗刚　胡化凯
刘晓堪　吕瑞花　秦德继　任福君　王扬宗
熊卫民　姚　力　张大庆　张　藜　张　剑
周大亚　周德进

编委会办公室

主　任：孟令耘　杨志宏

副主任：许　慧　刘佩英

成　员：（以姓氏拼音为序）

冯　勤　高文静　韩　颖　李　梅　刘如溪
罗兴波　王传超　余　君　张佳静

老科学家学术成长资料采集工程简介

　　老科学家学术成长资料采集工程（以下简称"采集工程"）是根据国务院领导同志的指示精神，由国家科教领导小组于 2010 年正式启动，中国科协牵头，联合中组部、教育部、科技部、工信部、财政部、文化部、国资委、解放军总政治部、中国科学院、中国工程院、国家自然科学基金委员会等 11 部委共同实施的一项抢救性工程，旨在通过实物采集、口述访谈、录音录像等方法，把反映老科学家学术成长历程的关键事件、重要节点、师承关系等各方面的资料保存下来，为深入研究科技人才成长规律，宣传优秀科技人物提供第一手资料和原始素材。

　　采集工程是一项开创性工作。为确保采集工作规范科学，启动之初即成立了由中国科协主要领导任组长、12 个部委分管领导任成员的领导小组，负责采集工程的宏观指导和重要政策措施制定，同时成立领导小组专家委员会负责采集原则确定、采集名单审定和学术咨询，委托科学史学者承担学术指导与组织工作，建立专门的馆藏基地确保采集资料的永久性收藏和提供使用，并研究制定了《采集工作流程》《采集工作规范》等一系列基础文件，作为采集人员的工作指南。截至 2016 年 6 月，已启动 400 多位老科学家的学术成长资料采集工作，获得手稿、书信等实物原件资料 73968 件，数字化资料 178326 件，视频资料 4037 小时，音频资料 4963 小时，具有重要的史料价值。

采集工程的成果目前主要有三种体现形式，一是建设"中国科学家博物馆网络版"，提供学术研究和弘扬科学精神、宣传科学家之用；二是编辑制作科学家专题资料片系列，以视频形式播出；三是研究撰写客观反映老科学家学术成长经历的研究报告，以学术传记的形式，与中国科学院、中国工程院联合出版。随着采集工程的不断拓展和深入，将有更多形式的采集成果问世，为社会公众了解老科学家的感人事迹，探索科技人才成长规律，研究中国科技事业的发展历程提供客观翔实的史料支撑。

总序一

中国科学技术协会主席　韩启德

老科学家是共和国建设的重要参与者，也是新中国科技发展历史的亲历者和见证者，他们的学术成长历程生动反映了近现代中国科技事业与科技教育的进展，本身就是新中国科技发展历史的重要组成部分。针对近年来老科学家相继辞世、学术成长资料大量散失的突出问题，中国科协于2009年向国务院提出抢救老科学家学术成长资料的建议，受到国务院领导同志的高度重视和充分肯定，并明确责成中国科协牵头，联合相关部门共同组织实施。根据国务院批复的《老科学家学术成长资料采集工程实施方案》，中国科协联合中组部、教育部、科技部、工业和信息化部、财政部、文化部、国资委、解放军总政治部、中国科学院、中国工程院、国家自然科学基金委员会等11部委共同组成领导小组，从2010年开始组织实施老科学家学术成长资料采集工程。

老科学家学术成长资料采集是一项系统工程，通过文献与口述资料的搜集和整理、录音录像、实物采集等形式，把反映老科学家求学历程、师承关系、科研活动、学术成就等学术成长中关键节点和重要事件的口述资料、实物资料和音像资料完整系统地保存下来，对于充实新中国科技发展的历史文献，理清我国科技界学术传承脉络，探索我国科技发展规律和科技人才成长规律，弘扬我国科技工作者求真务实、无私奉献的精神，在全社会营造爱科学、学科学、用科学的良好氛围，是一件很有意义的事情。采集工程把重点放在年龄在 80 岁以上、学术成长经历丰富的两院院士，以及虽然不是两院院士、但在我国科技事业发展中作出突出贡献的老科技工作者，充分体现了党和国家对老科学家的关心和爱护。

自 2010 年启动实施以来，采集工程以对历史负责、对国家负责、对科技事业负责的精神，开展了一系列工作，获得大量反映老科学家学术成长历程的文字资料、实物资料和音视频资料，其中有一些资料具有很高的史料价值和学术价值，弥足珍贵。

以传记丛书的形式把采集工程的成果展现给社会公众，是采集工程的目标之一，也是社会各界的共同期待。在我看来，这些传记丛书大都是在充分挖掘档案和书信等各种文献资料、与口述访谈相互印证校核、严密考证的基础之上形成的，内中还有许多很有价值的照片、手稿影印件等珍贵图片，基本做到了图文并茂，语言生动，既体现了历史的鲜活，又立体化地刻画了人物，较好地实现了真实性、专业性、可读性的有机统一。通过这套传记丛书，学者能够获得更加丰富扎实的文献依据，公众能够更加系统深入地了解老一辈科学家的成就、贡献、经历和品格，青少年可以更真实地了解科学家、了解科技活动，进而充分激发对科学家职业的浓厚兴趣。

借此机会，向所有接受采集的老科学家及其亲属朋友，向参与采集工程的工作人员和单位，表示衷心感谢。真诚希望这套丛书能够得到学术界的认可和读者的喜爱，希望采集工程能够得到更广泛的关注和支持。我期待并相信，随着时间的流逝，采集工程的成果将以更加丰富多样的形式呈现给社会公众，采集工程的意义也将越来越彰显于天下。

是为序。

总序二

中国科学院院长　白春礼

　　由国家科教领导小组直接启动，中国科学技术协会和中国科学院等12个部门和单位共同组织实施的老科学家学术成长资料采集工程，是国务院交办的一项重要任务，也是中国科技界的一件大事。值此采集工程传记丛书出版之际，我向采集工程的顺利实施表示热烈祝贺，向参与采集工程的老科学家和工作人员表示衷心感谢！

　　按照国务院批准实施的《老科学家学术成长资料采集工程实施方案》，开展这一工作的主要目的就是要通过录音录像、实物采集等多种方式，把反映老科学家学术成长历史的重要资料保存下来，丰富新中国科技发展的历史资料，推动形成新中国的学术传统，激发科技工作者的创新热情和创造活力，在全社会营造爱科学、学科学、用科学的良好氛围。通过实施采集工程，系统搜集、整理反映这些老科学家学术成长历程的关键事件、重要节点、学术传承关系等的各类文献、实物和音视频资料，并结合不同时期的社会发展和国际相关学科领域的发展背景加以梳理和研究，不仅有利于深入了解新中国科学发展的进程特别是老科学家所在学科的发展脉络，而且有利于发现老科学家成长成才中的关键人物、关键事件、关键因素，探索和把握高层次人才培养规律和创新人才成长规律，更有利于理清我国科技界学术传承脉络，深入了解我国科学传统的形成过程，在全社会范围内宣传弘扬老科学家的科学思想、卓越贡献和高尚品质，推动社会主义科学文化和创新文化建设。从这个意义上说，采集工程不仅是一项文化工程，更是一项严肃认真的学术建设工作。

中国科学院是科技事业的国家队，也是凝聚和团结广大院士的大家庭。早在1955年，中国科学院选举产生了第一批学部委员，1993年国务院决定中国科学院学部委员改称中国科学院院士。半个多世纪以来，从学部委员到院士，经历了一个艰难的制度化进程，在我国科学事业发展史上书写了浓墨重彩的一笔。在目前已接受采集的老科学家中，有很大一部分即是上个世纪80、90年代当选的中国科学院学部委员、院士，其中既有学科领域的奠基人和开拓者，也有作出过重大科学成就的著名科学家，更有毕生在专门学科领域默默耕耘的一流学者。作为声誉卓著的学术带头人，他们以发展科技、服务国家、造福人民为己任，求真务实、开拓创新，为我国经济建设、社会发展、科技进步和国家安全作出了重要贡献；作为杰出的科学教育家，他们着力培养、大力提携青年人才，在弘扬科学精神、倡树科学理念方面书写了可歌可泣的光辉篇章。他们的学术成就和成长经历既是新中国科技发展的一个缩影，也是国家和社会的宝贵财富。通过采集工程为老科学家树碑立传，不仅对老科学家们的成就和贡献是一份肯定和安慰，也使我们多年的夙愿得偿！

鲁迅说过，"跨过那站着的前人"。过去的辉煌历史是老一辈科学家铸就的，新的历史篇章需要我们来谱写。衷心希望广大科技工作者能够通过"采集工程"的这套老科学家传记丛书和院士丛书等类似著作，深入具体地了解和学习老一辈科学家学术成长历程中的感人事迹和优秀品质；继承和弘扬老一辈科学家求真务实、勇于创新的科学精神，不畏艰险、勇攀高峰的探索精神，团结协作、淡泊名利的团队精神，报效祖国、服务社会的奉献精神，在推动科技发展和创新型国家建设的广阔道路上取得更辉煌的成绩。

白春礼

总序三

中国工程院院长　周　济

  由中国科协联合相关部门共同组织实施的老科学家学术成长资料采集工程，是一项经国务院批准开展的弘扬老一辈科技专家崇高精神、加强科学道德建设的重要工作，也是我国科技界的共同责任。中国工程院作为采集工程领导小组的成员单位，能够直接参与此项工作，深感责任重大、意义非凡。

  在新的历史时期，科学技术作为第一生产力，已经日益成为经济社会发展的主要驱动力。科技工作者作为先进生产力的开拓者和先进文化的传播者，在推动科学技术进步和科技事业发展方面发挥着关键的决定的作用。

  新中国成立以来，特别是改革开放30多年来，我们国家的工程科技取得了伟大的历史性成就，为祖国的现代化事业作出了巨大的历史性贡献。两弹一星、三峡工程、高速铁路、载人航天、杂交水稻、载人深潜、超级计算机……一项项重大工程为社会主义事业的蓬勃发展和祖国富强书写了浓墨重彩的篇章。

  这些伟大的重大工程成就，凝聚和倾注了以钱学森、朱光亚、周光召、侯祥麟、袁隆平等为代表的一代又一代科技专家们的心血和智慧。他们克服重重困难，攻克无数技术难关，潜心开展科技研究，致力推动创新发展，为实现我国工程科技水平大幅提升和国家综合实力显著增强作出了杰出贡献。他们热爱祖国，忠于人民，自觉把个人事业融入到国家建设大局之中，为实现国家富强而不断奋斗；他们求真务实，勇于创新，用科技为中华民族的伟大复兴铸就了辉煌；他们治学严谨，鞠躬尽瘁，具有崇高的科学精神和科学道德，是我们后代学习的楷模。科学家们的一生是一本珍贵的教科书，他们坚定的理想信念和淡泊名利的崇高品格是中华民族自强不息精神的宝贵财富，永远值得后人铭记和敬仰。

通过实施采集工程，把反映老科学家学术成长经历的重要文字资料、实物资料和音像资料保存下来，把他们卓越的技术成就和可贵的精神品质记录下来，并编辑出版他们的学术传记，对于进一步宣传他们为我国科技发展和民族进步作出的不朽功勋，引导青年科技工作者学习继承他们的可贵精神和优秀品质，不断攀登世界科技高峰，推动在全社会弘扬科学精神，营造爱科学、讲科学、学科学、用科学的良好氛围，无疑有着十分重要的意义。

中国工程院是我国工程科技界的最高荣誉性、咨询性学术机构，集中了一大批成就卓著、德高望重的老科技专家。以各种形式把他们的学术成长经历留存下来，为后人提供启迪，为社会提供借鉴，为共和国的科技发展留下一份珍贵资料。这是我们的愿望和责任，也是科技界和全社会的共同期待。

周济

童坦君

2016 年 10 月 25 日，采集小组成员甄橙（左）与刘赫铮（右）讨论访谈提纲

2017 年 1 月 25 日，采集小组成员甄橙（右）、程陶朱（左）与
受访者蒋大卫先生（童坦君同学）合影

2018 年 5 月 30 日，采集小组成员李志芳（右）和王茜雅（左）在结题前的紧张工作中

序

幼 年 求 学

1934 年 8 月，我出生于浙江慈溪（现宁波市江北区）庄桥镇童家村。童家是个大家族，我是其中一支的长子长孙。记得 5 岁时，我看到过我家五代同堂大照片，中间是高祖，一个长胡子老人。高祖为我取名"坦君"，寓意"君子坦荡荡"。那时我的出生地并不叫童家村，它叫三斸（tòu）童。后来知道，这个斸字是《现代汉语词典》查不到的古汉字，意指一所豪宅。三斸童这个地名就表示这里是有三所豪宅的童姓村落。

童家祖上也许是名门望族，先祖童祥春是在江浙两地经营的工商业者，财力雄厚。到我祖父那辈，我们一支已风光不再。小时候我和母亲在乡下老家三斸童生活，父亲外出做学徒，后在上海的一家烟草公司做会计。那时生活艰苦，时有吃不饱、穿不暖的事。因为营养不良，我在四五岁得过佝偻病。1937 年，日军发动侵华战争，我们从乡下搬到宁波市区的外婆家，经常遇到日机狂轰滥炸。1940 年，日军占领宁波。1942 年，我到上海生活，在一所基督教教会学校读小学，小学四年级时抗战胜利。小学毕业后考取学费低、教学质量好的上海市立育才中学。1949 年春初中二年级，我的邻座同学因肺结核咯血，我也不幸由此染上肺结核，休学两年半。身在病榻，眼望窗外，白云缭绕，变幻莫测，不知日后何去何从，情绪低落。百无聊赖中，我阅读了大量文史类书籍。1951年康复，如回原校，需再读初二。对此，心有不甘，故改考一所普通中学（上海市光实中学），终于上了高中。在这所中学，我入了团，做过学生会干部。在老师和同学的帮助及自身努力下，学业逐渐赶上了同龄的同学们。回顾以往，我对这所母校的良师益友深怀感激，没有他们的鼓励和帮助，我就不可能这么快振作起来。

大 学 生 活

高考那年，新中国成立不久，同学们都知道工业对一个国家的发展来说很重要，为国家出力就要学工。加之幼年时，我目睹日军军机旁若无人地轰炸我国大地的嚣张行径，让我一心想为建设祖国出一份力，因此打算报考清华大学的工科。但是自己身体不太好，患过佝偻病和肺结核，在班主任的关心下，我改报了医科。虽然没学工，但我也不遗憾。因为医学可以实实在在为人民服务，给老百姓、给解放军看病也是为国出力的一种方式。

1954年，我考入北京医学院医疗系。五年学习生活给我留下了美好的回忆。我虽然高中毕业时成绩不错，但刚入学有所松懈。后来看到医学院的讲义每本都很厚、学习难度大，就慢慢塌下心来认真学习，第二年取得了优良生奖。进大学前，由于生病、休学等，懒散惯了，有时懒到连被子都不爱叠，动手能力自然很差。到医学院后，头两年要求体育方面必须达标，1500米跑步不达标就可能留级。压力有时能让人奋发向上，由被动转为自觉。大二时，我已慢慢喜欢起体育运动，人也变得勤快起来了。1958年，学校号召去京郊十三陵水库劳动、修大坝，我报名参加了。一次挑一两百斤重的石头子，一天连续干好几个钟头，连续两周。一周下来，肩膀表面被压成鳞皮样，晚上躺在地上想起身，要半天才能爬起来，确实不好受。后来发现这对肩不能挑、手不能提的自己，好处太大了。吃点苦，人就硬朗些了，不那么"娇滴滴"、弱不禁风了。实验研究需要能吃苦、肯受累的人。

当时，我在大学期间还参加了学校组织的药理科研小组，初次了解放射性同位素的医学应用，它可是当时的科学前沿，还参与了实验动物药理研究。这些活动使我看到了书本外更广阔的科学世界，激发了我对基础医学研究的兴趣。

考 研 生 化

1958 年进入临床实习，我在急诊室接诊了一位高烧待查患者，并因此感染流感型肝炎，不得不休学近半年。1959 年本科毕业，按组织分配报考本校研究生，考取了北京医学院生物化学专业，导师是刘思职院士。当时分子生物学正处于萌发和胎动状态，作为分子生物学母体的生物化学是当时生命科学的前沿科学。

本科期间，生物化学是我心中高不可攀的专业。生命的起源？蛋白质与生命的关系？这些经常闪现在我头脑中的问题莫不与它息息相关。当时在北京医学院，顶级老教授常被称为大夫。我的导师刘大夫思维超前、严谨求实、勇于开拓的精神对我的科研之路影响深远。当时北京医学院的生化专业人才济济，除导师刘大夫外，室主任张昌颖教授严谨求实，当时专注营养学；丁延祄教授是酶学专家，博学多才，常常主持本专业学术活动，当时兼任北医基础部副主任。除这几位国内生化学界著名学者外，几位讲师也才华过人、各有千秋。

研究生头半年，我跟着一位讲师学会了英文科学论文的检索。第一年学习有机化学、物理化学等相关学科的实验技术，精读了北医生化专业当年的经典读物——英国 Baldwin 教授的《动态生物化学》。作为专业外语读物，通读了美国 Harper 氏的《生物化学评论》，学习了俄文《生物化学》教科书部分章节。

研究生第二年，除每周一次带学生实验课、试讲一百多人的大课以外，我在导师指导下由浅入深地开始研究蛋白质终末代谢与肝昏迷以及肿瘤的关系。

刘大夫除非有讲课任务，工作日早上 8:30 必到实验室。此时我除非有课，必向刘大夫汇报现有实验进展。

在我国封建社会"万般皆下品，惟有读书高"的传统理念下，能工巧匠即使巧夺天工，也难入殿堂。但是科学结论来自实验，而非臆想或推理。"君子动口不动手"的陈腐观念也许是我国明清以来科技远远落后于发达国家的重要原因。得益于新中国成立后劳动光荣观念的深入人心和原有锻炼基础，研究开始后，我白天做实验，晚上洗涤玻璃仪器、配制试剂、配制诱发肝癌的动物饲料等，事事亲为。然后才坐下来读书、写笔记，逐渐克服了少年时体弱多病、动手能力欠缺的弱点。

刘大夫对学生的要求严格认真。有一次，我偶然看到一篇关于蛋白质生物合成的英文文章，非常喜欢，就动手译了出来，请他审改。十天后他退还给我，译文已被改得全篇通红。刘大夫对学生的科学写作要求惜字如金、一字不多、一字不少。在导师关注下，我阅读了大量关于遗传密码的前沿文献，对解读这一"无字天书"极感兴趣，后来我结合中心法则，在教研室做了题为"蛋白质生物合成"的文献报告。在四年严格的研究生训练中，我的实验设计能力、动手能力和教学能力有了全面提升，为此后学术生涯打下了坚实基础。1963 年，我与同专业的乙班同学（我在甲班）张宗玉助教结婚。1964 年，我研究生毕业，留校任助教，从事相关的教学和研究工作。

赴美留学 开展衰老研究

1978 年，得益于较好的英语基础、政治运动期间对专业仍有关注，我通过了北京医学院和教育部留学人员选拔考试，成为首批赴美学者，赴约翰·霍普金斯大学曹安邦教授实验室进行研究访问，并在出国时升为讲师。在霍普金斯大学，我首次接触细胞生物学，从事干扰素对细胞生长影响的研究。在美国的这段经历让我开阔视野，接触到现代化仪器设备，当时最普通的细胞培养工作台、微量定量移液枪也让从未出过国门的我感到新奇。感触更深的是美国大学里的学科融合。当时我国学科划分很细，每一学科我行我素，谁也不会主动跨界。但科学之间原本没有明显的界限，生命科学各分支脉脉相通，只是各有侧重而已。彼时，美国的学科融合已成趋势，生物物理可能与生物化学、分子生物学关联，也可能与细胞生物学结合在一起。这段经历让我知道学科融合的重要性，让我体会到科学研究不能拘泥于传统、要跟上时代。

在约翰·霍普金斯大学学习不到一年，我主动来到美国生物医学最高研究机构——美国国立卫生研究院（NIH）。在 NIH 的一年多时间里，我从事肿瘤血管生长因子与燕窝糖肽的研究，成为第一批拿到 NIH 博士后奖学金的新中国学者，并获得了博士后训练结业证书。在 NIH，我参观了美国在巴尔的摩市设立不久的老年医学研究所。这次参观使我萌生了回国开展衰老研究的念头。改革开放前我国提倡"一不怕苦，二不怕死"，衰老研究曾被某些人讥为"活命哲学"，被批为"修正主义"。因此，我国的衰老基础研究基本处于空白。参观美国老年医学研究所后，我一直思索美国开展衰老研究的原因。随着社会发展、生活水平提高、医疗条件进步，人均寿命逐步提升，老年人越来越多，关心老年人就是关心每个人的未来。我认为搞衰老研究的目的就是要让老年人健健康康、有滋有味地活着，不为儿女和社会添负担，还可以不断为社会加砖添瓦。因此，我认定衰老研究是有前途的。

1981 年回国后，我在刘大夫名下继续从事生物化学教学和肿瘤生长调控研究。碰巧，我的妻子张宗玉的实验室有一批需要被处理的老龄鼠，我觉得这批实验鼠白白被处理了十分可惜，于是建议她利用它们开展衰老的分子生物学研究。1986 年，应美国加利福尼亚大学戴维斯分校医学院生物化学系 John Hershey 教授邀请，我作为访问副教授再次赴美，在加利福尼亚大学和纽约大学等处作研究访问。此时，美国探讨衰老机制的老年医学基础研究已有所发展，使我更加意识到开展衰老研究的必要。1988 年回国后，除从事表皮生长因子作用机制等肿瘤相关研究外，我还参与了张宗玉从事的衰老基础研究工作。1991 年她赴美进行学术访问，我便接手衰老研究的全部工作。其实，衰老研究与我的肿瘤研究有相通之处。细胞体外培养时，两者增殖状态截然相反，癌细胞疯长、乱长、抑制不住地长；衰老细胞是愈老愈不长。两者都涉及细胞生长调控，就像一个硬币的两个面。所以，我将肿瘤研究技术逐步移植到衰老研究领域。1998 年，我同张宗玉共同建立了老年医学基础研究室，完成了国家自然科学基金重点项目"衰老分子机制与生物学年龄指征的研究"，揭示了人类衰老细胞基因调控能力减退与特异转录因子相关，多篇科研论文被 SCI 收录、在国际著名刊物发表。其实，当初我们在申请衰老研究项目时，有人提出异议，认为中国人口已 10 多亿，没必要开展衰老研究。但是，随着时代进步，人们已经不会对衰老研究产生这样的误解，衰老研究得到了国家更多的支持和帮助，我们的研究成果也多次获得国家级、省部级科技进步奖项。

博士后制度改革

2005 年，在韩启德、陈可翼、翟中和、陆士新、王志珍院士和已故的陈慰峰院士的共同推荐下，我当选了中国科学院生命科学和医学学部院士。70 岁高龄参选院士，居然选上了，连我自己也感到意外。我衷心感谢各位推荐人、北大校方、医学部领导和同事们的支持。

当选后，我感到双肩上有了更多的社会责任，不仅要埋头搞好手头科学研究，更应在提高我国科研水平上贡献力量。

在世界民族之林，科学创新的竞争归根结底是人才的竞争。如何把我们的科学人才队伍建设好，弯道超车，赶超发达国家？

作为较早接受过博士后训练的中国人，我深刻体会到发达国家的博士后制度在整个科研领域，特别是在高等学校科研活动中的重要作用。我国博士后制度已发展十几年，虽已初具规模、培养了很多优秀人才，但是招收规定繁杂、限制过多、科研项目的基础作用和教授的核心作用发挥不完善，这些因素导致我国的博士后队伍与发达国家相比存在规模小、时间短、效率低、潜力发挥不充分等短板。博士后是介于学生与工作人员身份的中间状态。在培养博士后的同时，要强调使用、效益和产出。社会对博士后的期待，不仅是将他们培养成才，更期待他们能在科学研究中创造出有意义的重要成果。因此，我与方精云、曾益新院士一起围绕着"提高质量，稳步扩大"这一理念，针对我国博士后制度，向国家决策部门提出了一些改革意见，这些意见已被国务院采纳。我想这是我当选院士后所做的最有意义的一件事。

我国科研队伍与发达国家相似，主要由科研院所和高等院校构成。高校是产出科研人才的工作母机。但我国高校的科研产出与发达国家相比在质和量方面仍有明显差距，质的方面尤其明显。发达国家一流高校的理科和医学基础的教师队伍建在博士后制度上，只有受过博士后训练的人才能在著名高校里当这些学科的老师。在美国高校，当过五六年博士后的人比比皆是。我国在这方面仍有欠缺。我国高校的年轻教师因为历史原因，大多没有博士后经历。教学在高校是硬任务，负荷大；科研方面，由于青年教师研究经历少、时间紧，往往力不从心、很难兼顾。

博士后年轻力壮，处于出成果、出成绩的高峰年龄段。他们一心一意做研究，训练有素，有思想、有经验、有技术，是科研队伍的尖兵。但是我国高等院校从事科研产出的主体实际上只是博士生，而发达国家的高等院校从事科研产出的主体却是博士后。打个比方，我们高校科研靠的是刚入伍的新兵，而发达国家靠的是经验丰富、久经沙场的老兵。双方的战斗力不在一个档次上，谁强谁弱一目了然。所以，我们的高校如要真正成为世界一流，这方面要有大动作才行。

在多数发达国家，博士后既是高等学校研究队伍的主体，又是高校师资的后备队，我们也应在这方面加把力。

美国著名高校对在职多年的助教授以上的人员常有带薪的学术休假（Sabbatical Leave）制度，由此提高在职教师学术水平和活力。在学术休假期，在职教师可以到他们最感兴趣的学术机构进行长达数月的学术交流。我国高校在提高现有教师水平方面，实际上也行之多年、成效显著，但仍有待坚持和加强。

科 普 宣 传

从当年报考医学院校、立志为国家发展略尽绵薄之力，到现在开展基础医学研究、希望研究成果能造福人民，我认为自己的关注点不应仅仅局限于实验室，要更多关注社会问题。中国的老龄化问题日益加重，衰老研究更显得重要。如果自己的科研成果能够直接融入老百姓的生活当中、提高人们的生活质量，那么这些成果才是真正的造福社会。2003 年，我组织刘新文等同事创办了中华健康老年网，目标是将正确的、前沿的科学知识用浅显易懂的方式向老百姓传播，让老百姓的生活方式更加健康、科学。此外，我与妻子张宗玉共同撰写了科普读物《健健康康活百岁　有滋有味过百年》，这本小书收集了多位长寿科学家的养生经验，希望由此普及科学的生活方式。我还参加了《十万个为什么》等丛书的编写，希望吸引小孩子成为科学迷，像邓稼先、袁隆平一样一辈子热爱科学。期望在中华大地上也能够出现不逊于牛顿、爱因斯坦等人，对人类进步做出划时代贡献的科学家。

生命科学是一部魅力无限、永无穷尽的精彩连续剧

分子生物学与细胞生物学是生命科学的前沿科学与核心。有生命与无生命的界限在哪里？它可以被突破吗？生死之间的临界点在哪里？这些待解之谜是吸引千千万万生命科学和医学工作者的磁石。"男怕入错行"，从研究生入学以来，我深深热爱我所从事的行当，享受我从事的行当。生逢其时，我亲身经历了这个行当中遗传密码这部"天书"的逐步解读。虽然无缘直接参与，当时也为此雀跃不已。后来基因工程、基因克隆、克隆动物的出现、干细胞技术的突破等均从理想成为现实，惠及全球。生命科学像是一部高潮迭起、永无休止的电视连续剧，身在其中，我热爱这个行当。目前，干细胞技术不断推陈出新，人们的有效生命期不断延长。我有幸生活在国力日益强盛的中国，得以亲身参与其中，幸福无限，只是感到自己的奉献太少了。21世纪细胞研究领域是生命科学的主战场已成为专家们的共识。细胞是人类个体的基本组成单位。由简及繁，我和我的团队研究细胞衰老的目的是从源头上、根本上了解人类衰老的成因和机理，特别是了解衰老与肿瘤的关系。了解它，才能对付它。希望有朝一日我们既能对付肿瘤又能对付衰老，希望躺在病榻上的老人越来越少，希望健康老年人人有份，为社会、为家庭做贡献的有效年龄段一长再长！

2018年夏于北京大学医学部

目 录

图片目录

导 言

传 主 简 介

童坦君，浙江宁波人，1934 年 8 月 15[①] 日生于浙江慈溪。1954 年考入北京大学医学院（现北京大学医学部），1959 年大学毕业。同年作为研究生考入北京大学医学院，师从生物化学家刘思职院士，攻读生物化学专业研究生。1978 年被教育部选拔为中美建交前首批访美学者，先在约翰·霍普金斯大学作访问学者，后在美国国立卫生研究院（NIH）进行博士后研究训练，获 NIH 博士后结业证书。现任北京大学基础医学院生物化学与分子生物学系教授，北京大学衰老研究中心主任，北京大学校学术委员会委员，中国老年学学会衰老与抗衰老科学委员会荣誉主任委员，卫生部（今国家卫生健康委员会）老年医学重点实验室学术委员会主任。2005 年当选中国科学院生命科学和医学学部院士。

童坦君作为中国老年医学基础研究领域的领军人物之一，其最初的科

[①] 经查阅童坦君大学本科入读学校（今北京大学医学部）的档案馆资料，其入学学籍卡片记录的出生时间为公历 1934 年 8 月 26 日。口述访谈中，童坦君回忆其出生时间为阴历 1934 年 7 月 17 日，即公历 8 月 26 日，与学籍卡记录相符。但是童坦君本人和家属都坚持一直以 8 月 15 日为公历纪年的生日，故采集小组尊重院士本人和家属的意见，以 8 月 15 日作为童坦君的生日。

研事业却是从肿瘤研究起步的。20 世纪 70 年代末，童坦君揭示了生物体液中存在特异杀伤癌细胞而不抑制自身骨髓细胞的抑癌活性物质；20 世纪 90 年代初，他在肽类生长因子信号传递方面提出了生长因子干预原癌基因转录因子及 DNA 甲基化的设想并进行系统研究，率先揭示了表皮生长因子（EGF）具有降低某些原癌基因甲基化的作用。

1978 年童坦君首次赴美，在美国的求学经历开阔了他的眼界。1981 年回国后逐步推动衰老研究。1982 年，童坦君与当时已在中国从事该领域研究的张宗玉教授逐步将分子生物学与细胞生物学理念与技术系统地引入中国衰老医学基础研究中。2004 年 3 月，以童坦君实验室为主体正式成立了北京大学衰老研究中心，童坦君担任中心主任。

童坦君主攻细胞衰老的分子机理研究：建立了一套国际承认的评估细胞衰老的定量指标，可用于衰老理论研究和药物抗衰效果评价；系统揭示了 p16 等细胞衰老相关基因的作用机制、基因调控及信号转导，证实环境因素不仅可直接作用也可通过引发基因变化间接影响衰老；童坦君课题组还发现并克隆了多个衰老相关新基因并进行了功能研究；探索衰老相关分泌表型（SASP）机理，寻找衰老相关炎症和老年病治疗的新靶点；此外，童坦君还进行了细胞衰老与整体衰老分子连接点的研究，力求从更高的层次上探索衰老的奥秘。

童坦君先后主持多项国家重点基础研究发展计划（"973"计划）课题、国家自然科学基金重点项目和面上项目、国家攻关课题等，科研成果先后获得 15 项国家级和省部级奖励，其中"北大医学部科学家初步揭开人类细胞衰老之谜"被中国科学院和中国工程院两院院士评选为 2002 年中国十大科技进展；"人类细胞衰老主导基因 p16 作用机制及其负调控"被教育部评为 2002 年中国高等学校十大科技进展。童坦君领导的衰老研究中心配备专业有序的科研梯队，并培养了大批衰老研究领域的专业人才。截至 2016 年，博士后出站 6 人，毕业博士研究生 47 人，毕业硕士研究生 33 人。此外，童坦君还培养了大量进修生，至今坚持工作在教学一线，为本科生和研究生讲授生物化学相关课程。在国内外学术期刊上发表研究论文 300 余篇，主编有《医学老年学》等专业书籍 7 部，参编著作 60 余部。

为了更好地向全社会展示衰老研究中心的研究成果和衰老领域的前沿进展，童坦君积极筹备并倡导建立了"中华健康老年网"，无偿地向专业学者与广大公众普及衰老理论和抗衰老知识。童坦君是一位将科学研究与实际生活结合起来的科学家，是一位与夫人携手共同征服衰老的科学伉俪代表，是一位充满了社会责任感的慈祥长者。

采 集 过 程

2016 年 6 月，童坦君院士学术成长资料采集工作启动，由北京大学医学史研究中心甄橙担任采集小组组长，采集小组成员有李国栋、杨鸿滔、全芳、刘赫铮、胡云天、李志芳、王茜雅、程陶朱等。采集工作得到了童坦君院士和夫人张宗玉的大力支持与配合，在采集工作小组的努力下，采集工作迅速开展、进展顺利。采集小组对童坦君进行了视频采访 3 次，间接视频采访 3 次。

为了了解童坦君教学工作，小组成员到童坦君所授蛋白质生物合成的课堂上进行旁听并录像，组长甄橙还亲自参加了童坦君课题组每周一次的组会，切身体会到了童坦君对待教学与科研一丝不苟的精神。

采集小组对童坦君进行了 5 次直接访谈，这些访谈主要围绕其家庭环境、童年生活、求学经历、科研经历等方面展开。童院士虽然年过八旬，但依旧耳聪目明，对采集小组的工作十分支持。每次采访前，采集小组成员均认真做好访前准备，针对采访主题撰写访谈提纲，并通过采集小组工作会议集思广益，最后由采集小组组长确定最终版采访提纲，提前一周发给童坦君。童坦君会将提纲打印出来认真准备，在提纲上写满笔记。因此，在采访时，针对采集小组所提出的问题，童坦君都能够清楚明白地回答，对年代久远的事情也能够清晰地回忆起大部分内容，对采集工作的进展提供了极大帮助。此外，采集小组也对童坦君院士的学生和同事进行了 8 次间接采访，采访内容围绕童坦君对学生和同事在科研、工作上的指导、生活上的帮助等方面展开。采集小组也对童坦君的妻子张宗玉进行了一次采访，张宗玉与童坦君在科研工作与生活中相互扶持，对张宗玉的采访让我们从另一个角度了解到一个不一样的童坦君院士。口述访谈是完成采集工作的重要一环，采集小组对此非常重视。每次访谈前，除反复修改访谈提纲外，还认真与每一位被访者确认访谈时间和访谈地点；访谈结束后，采集小组及时进行访谈录音整理，并完成访谈稿校对工作。通过访谈，采集小组获得了大量信息，为后续完成传记撰写提供了重要的信息来源。

童坦君院士无论是在科研工作中还是在生活中，各类事情都安排、打理得井井有条，有意义的物件也都进行整理收藏，这也为采集工作带来了很大的便利。童坦君为采集小组提供了很多有价值的老照片、手稿等，上大学、读研究生时使用过的笔记本、课本，童坦君一直收藏着，并无偿赠送给了采集工程项目。近些年来，童坦君课题组科研成果丰硕，获得了大量奖项，这些获奖证书（包括20世纪80年代美国博士后结业证书），童坦君都整理好并分享给了采集小组。更值得一提的是，童坦君一直收藏着80年代使用过的生化试验仪器，如玻璃瓶、烧瓶、台灯等，并全部捐赠给了采集工程。

采集小组工作例会制度为采集工作顺利进行提供了保障。由于采集小组的每位师生均非专职从事采集工作，大家都是利用业余时间开展采集工作，其中辛苦各有体会。但是大家对采集小组的例会都非常重视，因为这是全体采集人员集中见面的难得机会，大家可以一起交流采集中遇到的问题，并商讨解决办法。从项目启动到参加结题汇报，采集小组共召开工作例会23次，有效地保障了采集工作按阶段目标顺利进行。

撰 写 思 路

在采集小组对童坦君开始采集工作前，并没有关于童坦君院士的传记，仅《童坦君院士集》一书中对童坦君生平的学术成就做了简要介绍。此书主要介绍了童坦君院士的学术成就，对学术成就产生的过程则没有追述。

本传记以时间为主线，共分为八章，充分利用口述访谈资料及实物资料。第一章是求学经历，分别记述了童坦君幼年生活经历、从小学到大学的学习经历以及每个阶段遇到的重大事件。第二章到第四章重点介绍童坦君科研经历与学术转折及研究成果，揭示出童坦君高瞻远瞩的学术眼光，为中国开展衰老机制研究、勇追世界先进水平做出的贡献；并加入国际学术环境的大背景介绍、中国衰老研究的国内环境，以衬托童坦君率领衰老研究团队工作的特色。第五章到第七章描写了童坦君科研领域之外的成就，包括推动中国博士后制度改革、进行科学推广、编写教材、治学成就等。第八章则是关于他人眼中童坦君院士的形象的介绍，让读者从不同的角度对童坦君进行全面的了解。结语部分则从五个方面——尊重历史不忘初心、勤思敏学学术平等、宁心致远献身衰老、拓展科学彰显责任、淡泊名利广阔胸怀，对童坦君成就及其人生品德、态度进行总结。

整篇传记力求以所采集的文献资料为基础，以开展的口述访谈为补充，按照时间线索，以童坦君学术成长为纵轴，插入每个历史阶段童坦君的重要成长经历，纵横交织，塑造出一位立体全面的中国衰老研究的科学大家形象。

第一章
不畏困难求学路

在童坦君坎坷的幼年求学道路上，性格内向的他没有向亲人诉说过他的烦恼，而是听从父母的安排。从乡下到城市，从故乡到异乡，心中的惆怅埋藏在他幼小的心灵中。

坎 坷 童 年

宁波出生

宁波，历史上简称"甬"，因甬江而得名。鸦片战争后，宁波开埠。外资的进入使宁波本土经济受到重创，宁波商帮开始转型为近代商人，主要活动地点向上海转移。童坦君的父亲即是这一代转入上海打拼的宁波人中的一员。

图 1-1　宁波市江北区庄桥童家村
（童坦君提供）

1934 年 8 月 15 日，童坦君出生在浙江省慈溪县（今浙江省宁波市江北区庄桥）[①]的一个农村家庭。父亲童瑞泉（1914—2000）是一名职员，母亲黄晓菊（1914—1963）是普通的农村家庭妇女。童坦君是五世同堂的大家庭中的长孙。高祖父参考《论语·述而》中"君子坦荡荡，小人长戚戚"一句，为他取名为"坦君"，寓意人生平坦且有君子之德。

虽然出生在江南农村，并且家门口就有成片成片的稻田和菜田，但是江南水乡以务农为主的生活画面并没有成为童家的真实写照。童坦君的家庭并不以务农为生。童坦君的父亲秉承宁波人经商的特质，18 岁起就在当地店铺做学徒，后来像多数宁波人一样到上海闯荡，在上海的华成烟草公司当会计，而童坦君的生母则留守农村照顾孩子。

图 1-2　宁波市江北区庄桥的童氏宗祠（童坦君提供）

图 1-3　童坦君家乡传统建筑一角（童坦君提供）

童瑞泉通过亲戚关系进入华成烟草公司，担任会计。此时恰逢公司上升发展期，但即使这样，童瑞泉的收入并不是很高，童坦君的童年过得并不富足。在童年的记忆里，童坦君和母亲的每顿饭经常只有咸菜下饭，可能是由于营养不良，童坦君在五六岁时罹患佝偻

① 2004 年 6 月 4 日，浙江省政府（浙政函〔2004〕90 号）批复，撤销江北区庄桥镇、洪塘镇、甬江镇，分别建立街道。

病，幸亏在上海工作的父亲及时寄来了鱼肝油，没有造成严重后果，但也因为这个原因，童坦君的身体没有长起来。在寒冷的冬天，手脚经常生冻疮。童坦君小时候只有家里做的布鞋可穿，就连这种鞋也不是经常能换新的，有时候只能穿已偏小的旧鞋，导致脚部十分疼痛，鞋小缩脚。童坦君多年之后回忆起来仍记忆犹新。

20世纪30年代的中国，人均受教育水平很低，童坦君的父母虽说只有小学文化，但在当时的受教育程度并不算低。虽说经济状况并不算特别好，父母重视孩子的教育，童父也喜欢读书，偶尔会买一些书刊。这对于童坦君的成长是有一定好处的。

小学读书

1940年，童坦君上小学一年级。彼时，日本发动的全面侵华战争已经开始3年，已经逼近童坦君的家乡。出于安全考虑，童坦君和母亲搬到宁波市区的外婆家，但这里也不是安宁之地。

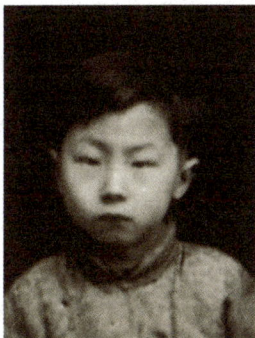

图1-4 小学阶段的童坦君（童坦君提供）

当时日军飞机经常来轰炸，甚至能看见飞机上面的驾驶员和他戴的头盔。外婆家里的人在桌子上面放上棉被，然后让小孩躲在桌子下面，用这种方式来保护小孩。其实，如果上面的屋顶塌了，我想这个桌子根本也挡不住。不过，这也说明大人为了保护小孩想了好多方法。现在回想起来，如果我们那时候有步枪的话，甚至有可能把日军的飞机给打下来。[1]

小学二年级时，学校附近有一家医院，当时正值霍乱流行。但是在

---

[1] 童坦君访谈，2016年6月22日，北京。资料存于采集工程数据库。

图 1-5　童坦君幼年时在上海居住地旧址：上海市南京西路五九一弄（2017年程绰亮拍摄，今仍有童氏家族后人居住其中）

当时医疗条件落后的情况下，"活的进去，死的出来"的情况时有发生。年幼的童坦君耳闻目睹这些，对当时中国落后的医药卫生状况有了初步的认识。

1941 年宁波沦陷，童坦君与母亲的生活受到了严重影响。百般无奈之下，1942 年童坦君赴上海与父亲团聚。童坦君原本应该上小学三年级，想进入离家最近的上海清心小学念书。清心小学是教会中学清心女中①的附属小学，教学质量比较高，入学需要考试。可是他在考试中却遭遇了挫折。考试有作文和算术两项。作文考试的题目是《冬天的乞丐》，可童坦君在小学只学过"乞"字，"丐"字不认识。结果导致作文跑题，只写了冬天，没写乞丐。虽说算术并不差，但是作文失败了，只能留级，重新上一次二年级。清心小学比较重视英语，在学期结束的时候学生们会排演英语话剧。童坦君虽然算不上活跃分子，但总能够按照老师的要求完成各种形式的教学活动。在这所学校，童坦君开始打下英语基础，并在以后派上了用场。

童坦君就读清心小学时，上海已被日军占领，居民们既没有充足的食品供应，又生活在恐惧当中。童坦君一家居住的巷子口就有一座日军碉堡，童坦君每次从这里经过都会感到害怕。

升入中学

童坦君在清心小学读书时的学习成绩后来居上，小学毕业后顺利考入

---

①　1861 年由美国基督教长老会宣教士范约翰及其夫人来沪创办，原名"清心女塾"，后在 1918 年改名"清心女子中学"。现为位于上海市黄浦区陆家浜路 650 号的上海市第八中学。

一所公立中学——上海育才中学①。上海育才中学教学质量高、学费低廉，是穷人家的孩子向往的学校。能够进入上海育才中学学习，童坦君感到非常高兴。他这样回忆："我这一辈子，年轻时最高兴的时候就是考进那个中学的时候。"②

图 1-6　童坦君少年时就读的上海育才中学主楼（2017 年程绰亮拍摄）

由于上海育才中学的学生家庭状况往往不是很好，所以有一些同学患有结核病。童坦君也不幸被传染，不得不休学住院治疗。1949 年 5 月，童坦君在住院期间听到枪声，最初还感到害怕，但后来才知道这声音不是日军侵华的枪声，而是中国人民赢得胜利的枪声。就这样，在医院中接受治疗的童坦君迎来了解放军解放上海的这一历史时刻。

童坦君在医院住了大概 4 个月。当时医院已有链霉素③，所以结核病不再是历史上的白色瘟疫，通过链霉素治疗，童坦君很快病愈了。但链霉素的副作用却导致童坦君的听力受到了一定影响。

----

①　上海育才中学建校于 1901 年。1953 年，被上海市人民政府首批命名为上海市重点中学，由著名教育家段力佩先生出任校长。

②　童坦君访谈，2016 年 6 月 22 日，北京。资料存于采集工程数据库。

③　链霉素是一种氨基糖苷类抗生素。1943 年由美国罗格斯大学教授赛尔曼·A. 瓦克斯曼（Selman A. Waksman）从链霉菌中析离得到，是继青霉素后第二个生产并用于临床的抗生素。链霉素的抗结核杆菌的特效作用结束了结核杆菌肆虐人类生命几千年的历史。

　　结束住院治疗后，童坦君回家继续休养。由于担心自己的学业和前途，在休学期间的童坦君心情非常糟糕。童坦君是个很要强的人，如果病愈后重回育才中学，则必须重新读初中二年级，那样前前后后就会白白丢掉三年时间。童坦君一心只想和同龄人一样正常上高中二年级。所以，他放弃重返育才中学的机会，转而报考上海光华大学实验中学①（简称光实中学）高中二年级，可惜没有考上。不过幸运的是，光实中学接收他入读高中一年级。

图 1-7　童坦君少年时就读的上海育才中学原址（现为上海育才初级中学，摄于 2017 年）

　　休学期间，读书成为他生活的全部，他把能找到的书全都看过了，包括《鲁迅全集》《明史》《史记》等。所以在高中阶段，童坦君的语文成绩非常好，他的作文常常被老师选作范文，还得过作文比赛的第一名。相比之下，童坦君的数学成绩一塌糊涂，而且常常考零分。童坦君的班主任是数学老师，虽说他的数学成绩应该是"零蛋"，但老师还是给了40分。原本童坦君对于数学基本上不抱希望了，但班主任很关心他，同学们也热情地帮助他。大概有五六个学生常常一起在童坦君家里做数学题，耐心地辅导他，帮助他逐渐提高了数学成绩。高一下学期，童坦君的数学终于可以考试及格了。高二时，数学已经可以考到 80 多分。高

---

　　①　位于上海市成都路，时任校长傅敦厚。1952 年改名为成都路第二中学，后迁至上海市威海路，并入上海市民立中学。

三时，童坦君的数学成绩上升到全班第二名。对于老师和同学们的帮助，童坦君一直铭记于心。许多年以后，每当回想起当年同学们对他的帮助依然心存感激。

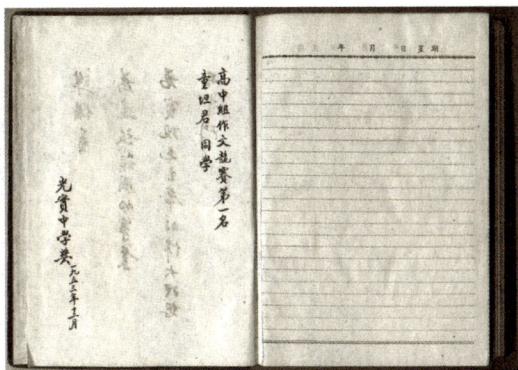

图 1-8　1953 年 12 月，童坦君在光实中学就读时获得高中组作文比赛第一名的奖品（此日记本童坦君使用多年并精心珍藏）

　　现在回想起来，我都非常感激那个学校，我这辈子之所以能够像现在这样，就是因为那个学校的老师和我的同学们给我的帮助。①

　　童坦君高中毕业时，正值新中国刚刚成立，他认为学工科最适合建设祖国的需要，并立志报考工科院校。他的一位小学同学在他上高一的时候高考考取了清华大学，还寄来照片给他看。童坦君很羡慕，在填报高考志愿时就填写了清华大学动力系。但是考虑到童坦君的身体状况，班主任建议他不适合学工科，所以他把志愿改成了北京医学院，即现在的北京大学医学部，立志做一名医学工作者。

大 学 生 活

心中仰望的高等学府

　　北京大学医学院的前身是创建于 1912 年 10 月 26 日的国立北京医学专

---

　　①　童坦君访谈，2016 年 6 月 22 日，北京。资料存于采集工程数据库。

图 1-9 国立北京医学专门学校正门门口（采集小组复制）

门学校。这所医学院是中国政府依靠自己的力量开办的第一所专门传授西方医学的国立医学校，是学医者向往的高等学府。

1923 年 9 月，国立北京医学专门学校奉命改建为国立北京医科大学校，并首次将医学生学制设为六年制。1927 年，北京医科大学校与北京所有国立高等学校改组，合并成立国立京师大学校，成为京师大学校的一个科，更名为国立京师大学校医科。同年，学校附设的诊察所扩充为学校附属医院。1928 年 11 月，京师大学校改组为国立北平大学，医科改为医学院，成为北平大学医学院。1937 年，国立北平大学西迁，部分医学院师生一同西迁，留在北京的医学院院务完全停顿。1938 年 1 月，当时的教育部将原北京大学和北平大学合并为"国立北京大学"，医学院为下设的六个学院之一。5 月复课，并接收燕京大学和协和医学院师生，继续教学。1945 年 12 月，北京各公立大学被统一编为"北平临时大学补习班"，北平大学医学院被编为"临时大学补习班第六分班"。1946 年 7 月，北京大学在北平复校。北平临时大学补习班第六分班连同附属医院一同并入北京大学，成为北京大学医学院。1950 年 1 月，北京大学医学院由卫生部接管。1951 年 12 月，国家卫生部正式将北京大学医学院改名为北京医学院。

入学北京医学院

1954 年，20 岁的童坦君成功考入北京医学院医疗系，学制五年。第一年是预科。

童坦君将精力依然放在学习上。他对大学最满意的一点就是图书馆。

图 1-10　1955 年，童坦君（后排右一）与医疗系同学在北大理学院前合影（童坦君提供）

图 1-11　1955 年，童坦君（二排左一）与医疗系同学在北大红楼前合影（童坦君提供）

在中学时，虽然学校也有图书馆，但是藏书不多。北京医学院的图书馆应有尽有，使他一下子感觉进入了知识的海洋。童坦君对科研很早就产生了兴趣。大学二年级的时候，北京医学院已迁入目前北太平庄的现址。学校按照不同学科形成多个科研小组，比如生理科研小组、药理科研小组、病理科研小组，每组十人左右，目的是引领学生逐步了解科研工作。参加科研小组的一个好处就是可以进入图书馆不对外开放的书库看书。童坦君对此类活动非常感兴趣，经常参加。他常常借阅英文的《内科学》或《病理学》，并将不认识的词汇记下来。这样，借助小时候打下的英文基础，童坦君的英文水平在大学阶段得到不断提高。

由于文笔比较好，童坦君一直担任北医校刊的通讯员，经常为校刊撰写文稿。1958 年，"大跃进"运动在全国展开。面对国家的号

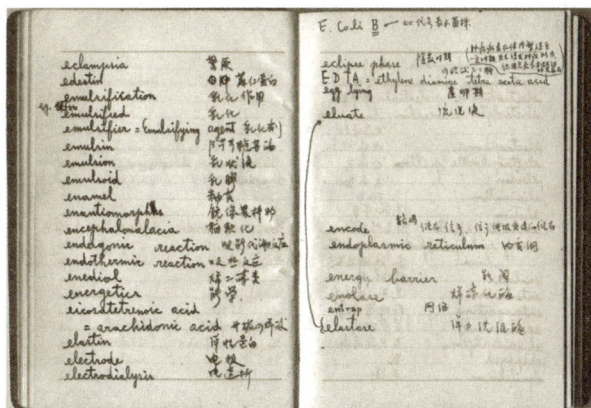

图 1-12　1955 年，童坦君大学时的英文学习笔记（童坦君提供）

召，正在读本科的童坦君十分激动，积极参与学校活动。在此期间，他被任命为校广播台写稿子。此外，在夜里 12 点，童坦君和同学们在北大医院门诊部一起架锅炉烧铁水，第二天还要 4 点起来"除四害"。童坦君觉得自己像工人一样劳动、锻炼，心情很愉悦，但是体力却略显不足，加之摄入营养不充沛，导致他 1959 年临近大学毕业时，在一次内科临床实习中被一位肝炎患者传染，不得不住院治疗一个多月。此时已临近毕业，同学们要么被分配工作，要么分配去考研究生。童坦君由于住院休养，暂时不适合工作，因此被分配去考研究生。至此，也消除了他立志做临床医生的念头。但是童坦君在内科临床实习中踏实认真的工作表现得到了患者的充分肯定，患者在临别赠言中写道：

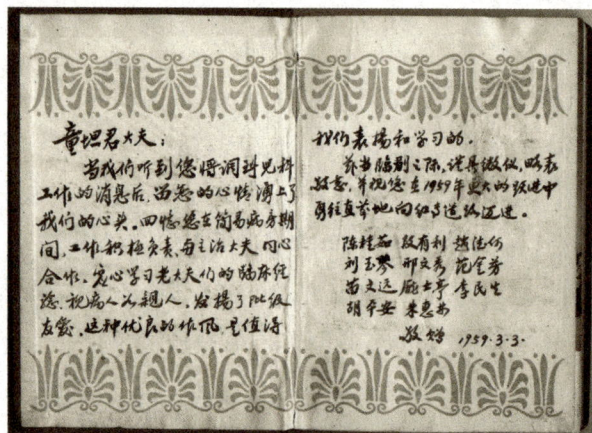

图 1-13　1959 年 3 月 3 日，内科临床实习结束后患者对童坦君的寄语（童坦君提供）

回忆您在简易病房期间，工作积极负责，与主治大夫同心合作，专心学习老大夫们的临床经验，视病人如亲人，这种优良的作风是值得我们表扬和学习的。[1]

研究生学习

开启学术训练

对于童坦君来说，攻读研究生的事情来得有些突然，当时他并没有想

---

[1]　童坦君日记，1959 年 3 月 3 日。资料存于采集工程数据库。

好专攻哪个学科方向。同学周柔丽[①]要考生化，童坦君觉得生化很难，但周柔丽却说道："正因为难，所以才要去考。"童坦君非常佩服，于是也燃起雄心，决定选择这个最有难度的专业。

刘思职[②]院士是北京医学院非常著名的教授，在协和医学院工作期间，刘思职师从吴宪[③]教授，在蛋白质生物化学和免疫化学领域做了许多工作，其研究水平国际一流，部分研究还属当时国际首创。因此，能够考取刘思职院士的研究生是一件非常荣幸的事，但同时也预示着未来的研究生学习任务会非常艰巨。

1959 年，北京医学院的基础医学院共录取基础医学专业和临床医学专业研究生数十人。入学考试科目为医学专业课与外语科目（俄语或英语任选）。按规定学制是三年制，因为生物化学是新兴学科，而且是比较难掌握的学科，所以生物化学专业学制为四年，而且学校规定可以在执行过程中适当延长学制。

有志者事竟成。经过一番备考，童坦君成功考取了刘思职教授的研究生。能够投师于刘思职门下，对童坦君的学术成长是一件幸事。刘思职具有坚实的古汉语和外语基础，在语言措辞方面要求尤其严格，惜字如金，曾经告诫过童坦君："写文章，句子越短越好，能少一句话少一句话，能少一个字少一个字。"[④] 此外，刘思职还常常鼓励童坦君克服自己的方言口

---

① 周柔丽（1936- ），浙江绍兴人，毕业于北京大学医学院。教授，博士生导师。研究方向为肿瘤细胞分子生物学、细胞黏附分子及细胞外基质与癌细胞转移、糖生物学。是童坦君大学时期和研究生时期的同学，后来成为同事。

② 刘思职（1904-1983），福建省仙游县人，1921 年考入厦门大学化学系，1924 年赴美国留学，1925 年进入美国西南大学化学系，1926 年获理学学士学位；同年转入堪萨斯大学攻读物理化学，1929 年获博士学位。1930 年回国，先短期在上海大夏大学任教，后转入北平协和医学院生物化学系任讲师。在协和医学院工作期间，曾赴德国著名的瓦勃实验室进修。1946 年调入北京医学院生化教研室任教授和主任。1957 年受聘为中国科学院生物学部委员。

③ 吴宪（1893-1959），字陶民，福建福州人，生物化学家、营养学家、医学教育家，在临床生物化学方面多有贡献。他与 Otto Folin 一同提出的血液分析系统方法是当时临床生物化学方面最重要的贡献。他首创用钨酸除去血液样品中所有的蛋白质；最先提出一个言之有理的蛋白质变性理论；提出符合中国实际情况的改变国民营养的膳食方案，并使用标记的抗原研究免疫化学。他还培养了中国第一代的生物化学家和营养学家。

④ 童坦君访谈，2016 年 12 月 22 日，北京。资料存于采集工程数据库。

图 1-14　童坦君大学本科毕业证书（童坦君提供）

音，提高口头表达和书面表达能力。在刘思职的指导和支持下，童坦君阅读了大量的专业文献，以追踪世界科学前沿。刘思职每天很早就来到实验室，他要求研究生除节假日外，每日上午必须向他汇报前日的实验结果和后期工作计划，并定期总结。所以，在研究生学习阶段，童坦君每天上午八点多向导师汇报，然后白天做实验，晚上洗刷试验仪器和工具。除此之外，还要协助实验员饲养大白鼠、兔子等实验动物。在导师的严格要求下，童坦君在研究生阶段接受了严格、正统的专业科研训练，为其学术成长打下了坚实基础。

刘思职当时主要从事肿瘤的生化研究，所以童坦君跟随刘思职选择了肿瘤的生化研究目标。童坦君在学业上非常主动，试验进展也非常顺利。

童坦君选择肝癌大鼠的氨解毒为题目进行试验研究，研究目的是为临床治疗氨中毒以及挽救由氨中毒而引起的肝昏迷提供参考。具体以存活率、血氨氮浓度及血尿素氮浓度为指标，对二甲基氨基偶氮苯（DAB）肝癌大鼠的氨耐量以及某些氨基酸，如 L- 精氨酸、DL- 鸟氨酸、DL- 瓜氨酸、L- 谷氨酸的解氨毒作用进行实验研究。研究发现，DAB 肝癌大鼠的血氨氮浓度高于正常大鼠者，其氨耐量亦较正常大鼠显著降低；L- 精氨

图 1-15　1964 年 5 月，北医生化教研室全体成员在生化楼前与应届毕业研究生合影［其中有教研室主任张昌颖教授（二排右三），基础部副主任丁延祜教授（二排左四）、董苍玉讲师（二排左一）、陈明讲师（二排右二）；前排 4 人为童坦君（前排右一）、周柔丽（前排左一）等应届毕业研究生；后两排有钟南山（后排右四）、梁康、周树邦、杜国光、张宗玉、张家萍等教员］（童坦君提供）

酸、DL- 鸟氨酸及 DL- 瓜氨酸等对肝癌大鼠有显著的解氨毒作用，而 L- 谷氨酸在同样实验条件下的解氨毒功效则极不显著。[1] 此外，注入氯化铵可使正常大鼠的肝精氨酸酶活性显著下降，注入 L- 精氨酸则无影响，但同时注入氯化铵和 L- 精氨酸可保护正常大鼠的肝精氨酸酶。[2]

　　经过近 5 年的艰苦努力，熬过了实验室内无数个日日夜夜，1964 年 3 月，童坦君的研究生毕业论文《DAB 肝癌大鼠的氨解毒》顺利通过答辩。

---

　　[1]　童坦君、刘思职：肝癌大鼠的氨解毒研究。《北京医学院学报》，1965 年第 4 期，第 247-250 页。

　　[2]　童坦君，刘思职：肝癌大鼠的氨解毒及解毒机制的初步研究。《生物化学与生物物理学报》，1965 年第 5 期，第 618-627 页。

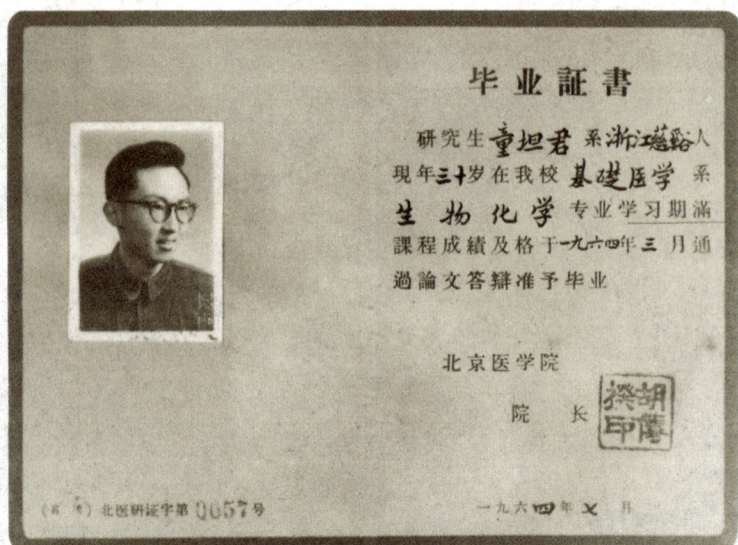

图 1-16　童坦君研究生毕业证书（童坦君提供）

相识终身伴侣

　　值得一提的是，童坦君与他的终身伴侣和学术伙伴张宗玉正是在他攻读研究生阶段相识的。张宗玉是江苏南京人，出生于 1935 年，和童坦君同一年进入北京医学院医学专业读书，但是在大学阶段二人并不认识。张宗玉从北京医学院毕业后，先分配到病理生理系从事教学工作，后被系主任安排到生化系进修。当时，北京市政府正在组织人力和物力筹建北京第二医学院，从北京医学院抽调了许多老师，而生化系也被调走了多位老师筹建北京

图 1-17　1963 年童坦君与张宗玉结婚照（童坦君提供）

第二医学院的生化教研室，因此当时北京医学院生化系的领导就向学校申请，把进修的张宗玉留在了生化系以补充教学科研力量。就这样，童坦君在攻读研究生时，张宗玉已成为北京医学院生化系的教师。他们虽然年龄相当，却是师生关系，但也正是这种关系，促进了他们的相识和了解。

留校任职生涯

从学生到教师

1964 年，童坦君研究生毕业，面临着就业去向的抉择。当时，一位师兄与童坦君同样来自上海，读书期间二人在生活和学习上颇有共同语言。师兄建议童坦君毕业后回上海，并帮他联系了上海肿瘤研究所的职位。但是，童坦君在读研究生期间已经结识了他的终身伴侣和学术伙伴张宗玉。虽然上海肿瘤研究所对他来说是个非常好的机会，但是张宗玉在生化系里担任教学秘书，教学的各个方面都需要她来安排，无法离开北京医学院。于是，童坦君放弃了回上海发展的机会，决定留在张宗玉身边。但是在当时的北医，还没有夫妻二人都留在同一个单位的惯例。机缘巧合，当时刘思职被摘掉"右派"帽子后，学校十分重视刘思职的科研工作，为其专门成立了一个研究室，并配备两个编制。此时正是缺少得力干将的时候，而童坦君也因吃苦能干深得刘思职的欣赏，因此童坦君便留在了刘思职的实验室工作。

记得有一天，我在实验室里洗瓶子、洗罐子，把所有事情都整理好了，大概是中午12:40。从实验室出来恰好撞见了刚刚吃过午饭的刘大夫，也许是看我一脸疲惫的样子，所以给他留下了比较深刻的印象。在他心中，我是比较实干的，能够把他的要求都达到。因此，在研究生毕业答辩时，刘大夫向众多专家这样评价我，"没有功劳也有苦劳，没有苦劳也有疲劳"。

开展科学研究

留校任职后，童坦君依旧在刘思职的领导下进行科研工作。最初，刘思职带领实验室成员积极响应国家政策，将实验室研究与国家的需求紧密结合。当时，刘思职的实验室主要进行免疫研究，提高马血清产量，比如破伤风、狂犬病抗血清的产量。刘思职与童坦君便主动申请到管庄的生物制品研究所与工人们同吃同住一个月，下车间了解当地的血清生产情况，然后有针对性地研究提高血清产量的方法。除了到研究所进行实地调查，童坦君也专心在实验室进行蛋白质与肿瘤的相关研究。

蛋白质化学研究

蛋白质生物合成是现代生物科学中的基本理论问题之一。恩格斯曾经指出，"生命是蛋白体的存在方式。"生物科学的发展证明一切生命现象都离不开蛋白质。从某种意义来说，抑制蛋白质的生物合成即是抑制生命现象；而促进生命现象，则需促进蛋白质的生物合成。所以在童坦君看来，深入了解蛋白质的合成机制对抑制有害微生物和肿瘤细胞等医药学问题以及与生命现象有关的应用科学的其他重要问题具有十分重大的意义。因此，在当时文献来源非常匮乏的情况下，童坦君想方设法查阅文献，努力掌握国际上蛋白质化学的研究状况。

20世纪40年代，人们对蛋白质的生物合成过程还几乎一无所知，曾广泛地认为蛋白质的生物合成是其酶促水解的逆行过程，但是这种说法无法解释20余种氨基酸为何在细胞中能井然有序地构成其各自氨基酸排列顺序的千万种特定蛋白质，即蛋白质生物合成的特异性。为回答这些问题，20世纪40年代末有学者提出"模板"学说，认为蛋白质生物合成的特异性在于存在着多种多样的"模板"；利用不同的模板可以合成不同的蛋白质。最初的"模板"学说认为模板是蛋白质，并将各种蛋白质的合成过程理解为结晶过程，此后愈来愈多的证据表明蛋白质生物合成的"模板"是核糖核酸（RNA），而非蛋白质本身。1953 年，Watson 和 Crick 提出脱氧核糖核酸（DNA）的双股螺旋结构后，对高分子核酸类物质（DNA 与 RNA）生物学功能的了解迅速发展起来。与此同时，人们逐渐认识到蛋白质的生物合成与核酸（尤其是 RNA）有密切关系。

20 世纪 60 年代初，科学家已经揭示出各种蛋白质的"模板"是被称为"信使"核糖核酸（mRNA）的一类 RNA；而 DNA 分子则是各种生物遗传信息的载体，包含着制造该种生物各种 mRNA 的"方案"。因此，有人把 DNA 比作制造各种"模板"的用化学语言书写成的"遗传设计书"。20 世纪 70 年代，人们对有关"信使"核糖核酸的生成过程以及三类核糖核酸参与蛋白质生物合成的过程、核糖核蛋白体循环的相关因子进行了阐释。此外，还陆续发现了肿瘤细胞的蛋白质生物合成体系，特别是 tRNA 与成年动物的正常细胞有所不同；某些肿瘤细胞还合成成年动物正常所少有的某些蛋白质，而测定血液中这些蛋白质对肿瘤的诊断有一定意义[1]。

抑素与肿瘤的关系研究

虽然在 20 世纪 20 年代即有人提出抑素（Chalone）的概念，但是直到 20 世纪 60 年代后，在对皮肤创伤愈合的研究中才逐渐确立了抑素的概念。抑素是一类来源于细胞本身又作用于其自身的组织增殖抑制因子，具有组织特异性，而无种族特异性，且抑制作用是可逆的。20 世纪 70 年代，科学家发现抑素与肿瘤的发病有密切关系。

童坦君因为从事肿瘤相关方面的研究，因此对与肿瘤相关的研究进展十分敏感。他立即着手查找相关文献，及时了解抑素与肿瘤之间的关系研究，并撰写成论文介绍到国内。经过阅读文献，童坦君发现 20 世纪 60 年代以后，国际上对抑素的研究从皮肤创伤愈合的最初认识逐渐发展到揭示抑素的化学本质和理化性质。抑素的本质是一种蛋白质或多肽，个别抑素还有 RNA。在细胞生长周期中，抑素对双向期及老化期的影响十分微妙：作用于 G1 期与 G2 期之末，抑制细胞分裂；作用于双向期，使细胞趋于

---

① 北京医学院生物化学教研室：蛋白质的生物合成。科学通报，1975 年第 4 期，第 162-172 页。

分化；作用于 A1 期，延迟细胞老化。①

肿瘤细胞细胞膜的缺陷及其对于抑素感受性的降低，可能与肿瘤组织失去抑素控制有关，癌细胞内抑素浓度低于正常，则细胞分裂不能受到有效抑制，这是癌组织增殖过速的原因之一。肿瘤组织细胞膜的缺陷及其对抑素感受性的下降由什么原因造成，这是研究抑素与肿瘤发病关系尚须解决的问题。现在已有一些证据证明，抑素与癌及其他恶性肿瘤的发病有一定关系，抑素对恶性肿瘤的细胞增殖具有明显的抑制作用，能使某些实验性肿瘤彻底治愈，所以抑素具有应用于肿瘤治疗的可能。

在阅读大量文献后，童坦君在陈明教授的实验室进行与腹水癌相关的抑素研究。他们以艾氏腹水癌②（Ehrlich）为模型，比较并研究了在体外培养条件下正常动物血清、患癌动物血清以及癌细胞周围体液（肿瘤腹水）对癌细胞生长的抑制活性。研究发现，正常小鼠与患癌小鼠血清以及与癌细胞直接接触的体液皆对腹水癌细胞的生长有显著抑制作用；后两种体液抑癌活性高于前者，而与癌细胞直接接触的体液抑癌作用最强，且对他种癌细胞亦有抑制作用。凭借这一发现，童坦君在《中国科学》杂志上发表了数篇文章。之后，为了进一步证明腹水中抑素的医学价值，童坦君对其专一性进行了深入研究。通过对骨髓细胞和脾细胞的试验表明，腹水中的抑素能够抑制或杀伤癌细胞，而对正常细胞的影响较小。

童坦君是一位勤于思考的学者，在从事肿瘤研究时，他已经开始关注肿瘤与衰老之间的矛盾关系，这既是科学研究中的两个性质相反的问题，又是一个哲学问题，而且有些问题的方向已经延伸到衰老问题。

教学与教材编写

除了科研工作之外，童坦君还要承担严峻的教学工作。当时，国家有

---

① 童坦君：抑素——内源性组织特异的细胞增殖抑制物《北京医学院学报》，1976 年第 8 卷第 1 期，第 58–64 页。

② 腹水癌细胞（ascites tumor）是以肿瘤细胞在腹水中处于漂浮状态下进行繁殖为特征的肿瘤，属于细胞同基质（在此为腹水）最易分离的液状瘤，具有恶性肿瘤的明显特征。

工农兵大学生的政策，童坦君面对的学生中有一部分是没有上过学的贫下中农。这些学生没有接触过英文，连学习非常简单的化学元素都十分吃力，生化教学非常困难。面对繁重而艰难的教学任务，老一辈的教授并没有将困难都推给年轻教师承担，而是迎难而上。深受前辈们的激励，童坦君积极解决教学工作中遇到的问题，时常旁听讲课效果好的老师的课程，从中吸取经验，提高自己的教学水平。

最初，生化系还未开设高级课程，童坦君只需要负责本科生的课程。而随着时代的发展，生物化学领域的研究方向发生转变，逐渐向分子生物学移型。因此，在张迺蘅上任生化系主任后，学校开设了生物化学的高级课程，由张昌颖、张迺蘅、董苍玉和童坦君等人主讲核酸化学。教学工作虽然占用了童坦君不少时间和精力，但是在他眼中，教学对科研有着一定的推动作用。例如，研究生的核酸化学课程有很多都是将科研内容讲授给学生，因此童坦君需要阅读大量的书籍和文献来了解国际上科学前沿的知识，并将这些内容放到教学当中，因此也间接推动了他的科研工作。

生物化学是一门以分子水平和化学变化的深度研究生命的科学，内容深奥而抽象，知识结构系统性强，且学科发展较快，是一门比较难学的医学基础课。21世纪，生命科学的发展突飞猛进，生物化学成为生命科学的重要基础学科，成为现代生命科学的重要语言，其理论和技术渗透到基础医学和临床医学的各个领域，是医学教育的主干课程之一。留校任教后，童坦君置身于高校的教学和科研环境中，深深感到学科建设离不开人才培养。他一方面积极投身本科生和研究生的教学中，另一方面把科研成果转化到教学中，同时也把教学中发现的问题及时用科学实验的方法予以解决。虽然童坦君的浙江口音比较重，或多或少地影响了教学效果，但是在教材编写方面脚踏实地做了大量细致的工作。

在中国早期的医学教育中，尤其是生物化学方面的知识传播中，常常采用国外教材的翻译版。有些内容显得陈旧，有些内容不切合中国学生的实际需要。刘思职院士很早就认识到这一问题，并指出"要使科学在我们的祖国生根，就必须用我们自己的文字来编写教材"。

　　20 世纪 30—40 年代，中国的医学院校多直接采用国外教材，或是将国外教材翻译为中文使用。彼时，北京协和医学院的吴宪教授曾经尝试用中文撰写生物化学实验讲义，但是此举遭到了协和医学院某外籍女教务长的强烈反对。后来，刘思职曾经组织一些学者讨论生化名词的中文翻译问题，也遭到了当时协和医学院生化系主任、原燕京大学外籍教授窦威廉的反对。尽管阻碍重重，刘思职仍然主张中国大学应该有自己的中文版生物化学教材。

　　1949 年后，中国早期的生物化学家，如刘思职、张昌颖等人开始致力于生物化学教材的建设。编写教材首先要将生物化学的名词统一翻译成中文。1950 年年初，刘思职和几位同道开始编译生物化学有关名词。在刘思职的指导下，丁延祄从几种著名的英文生物化学教本中精选名词，再汇总若干有机化学、生理学以及常用医学名词，共选择了上千个医学专有名词。之后，由北京医学院生化科的教师协力进行编译，前后历时一年多。编译名词完成后，在卫生部的批准下，将油印稿本寄呈给国内同行专家，特别是寄到上海生物化学会征求意见。经过整理后，刘思职主编的《生物化学名词草案》由人民卫生出版社出版。这是中国国内第一次认定的中文生物化学名词工具书，对中国生物化学的发展起到了很大的推动作用。

　　1951 年年初，刘思职又组织北京医学院生化教研组的张昌颖、丁延祄、李玉瑞及王世中等几位同事拟定了中文生物化学教科书的主要内容提要，定名为《生物化学大纲》，在经过卫生部教材编委会讨论通过后，开始组织专家编写。刘思职本人撰写了绪论、糖、脂、蛋白质代谢及能代谢，其他各章由各位教授分担。经北京医学院和其他医学院校试用后，征集了有关专家的宝贵意见，又经过多次修改，最终于 1954 年由人民卫生出版社正式出版。该书不仅反映了当时我国生物化学的水平，同时增加了中国生物化学发展史的内容。此书一经出版，广受好评，被众多医学院校采纳使用，成为当时全国最负盛名的教材。1957 年修订了第二版。

　　以大纲[①]代替国外的教科书，不仅使中国学生学到了现代生物化学的

---

　　① 虽然这里使用的名称是《生物化学大纲》，但其本身的内容早已超越大纲范畴，实际上这本书就是按照教科书的目标完成的。为尊重原书，仍然保留使用原有书名。

知识，也了解了我国前辈科学家对这门学科发展所做的贡献，甚至对中国古代人民对生物化学所做的贡献也进行了描述。1964 年，经卫生部推荐，此书作为高等医药院校试用教科书出版，定名为《生物化学》，其篇幅虽有所增加、内容亦有不少更新，但是编写规范、风格和框架依旧沿用《生物化学大纲》，保留了中国生物化学前辈的治学传统。

1978 年 12 月，在 1964 年版《生物化学》基础上，北京医学院又主编出版了全国高等医药院校试用《生物化学》，童坦君在其中承担了第 11 章《蛋白质的生物合成》的撰写任务。

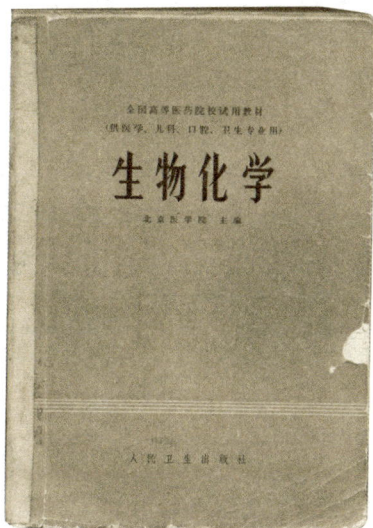

图 1-18　1978 年由北京医学院主编的全国高等医药院校试用《生物化学》教材（童坦君提供）

童坦君深知刘思职等前辈学者为培养中国生物化学人才做出的努力，所以在他的教学生涯中，特别是在编写教材方面，自觉地秉承前辈传统，瞄准前沿，注重实际，语言准确，循序渐进。

第二章
海外深造阔眼界

海外留学浪潮

海外留学政策

1949 年，我国陆续向苏联等社会主义国家派遣大量学习历史、语言和工科的留学生。1956 年，我国通过了《向资本主义国家派遣留学研究生的请示报告》，报告指出中国政府将在今后一段时间派出一定数量的人员到发达国家留学。据统计，这一时期我国派往发达国家的留学生共有 10 人。随着中国与美国等国教育交流的改善，中国向发达国家派遣留学生的人数逐渐增多，1957—1965 年共向发达国家派遣了 200 多名留学生。1966 年"文化大革命"开始后，中国向外派遣留学生的事务也随之停止，在国家要求下，1221 名在海外的留学生于 1967 年 11 月前陆续回国。直至 1972 年，随着高校恢复教学以及外交领域对外语人才的需求加大，我国政府决定实施"适当向国外派遣留学生"的政策。1971—1978 年，中美两国的医学交流日趋频繁，交流内容涉及中医、西医、基础医学、临床医学、药学、精神病学等多个领域。①

1978 年 3 月 18 日，全国科学大会开幕，邓小平正式提出派出大批青年学子赴海外留学。②1978 年 5 月 20 日，美国卡特总统的代表、美国国家安全事务助理布热津斯基来到中国，与邓小平商量中美建立正式外交关系的问题。在此期间，邓小平与其认真探讨了中国向美国派遣留学生的事宜。1978 年 6 月 23 日，邓小平召见副总理方毅、教育部部长刘西尧、清华大学校长刘达和蒋南翔，与他们详谈了向国外排遣留学生的事务。邓小平强调："我们一方面要提高自己大学的水平，另一方面派人出去学习，这样也可以有一个比较，看看我们自己的大学究竟办得如何。"这些谈话充分体现了邓小平大规模派遣留学生的坚定立场。教育部迅速传达了邓小平的指示，起草《关于加大选派留学生数量的报告》。

1978 年 7 月 7 日，方毅副总理会见美国总统科学技术顾问兼科技政策办公室主任弗兰克·普雷斯，提出中国希望在当年向美国派出 500 名留学生的计划。普雷斯当天向卡特总统请示，并得到"同意"的明确答复。7 月 10 日，邓小平与普雷斯再次会面商谈派遣留学生的事宜，普雷斯表示美国方面愿意接收中国学生到美国留学，并且近期就可以接纳 500 名学生。至此，童坦君遇到了良机，成为中国派遣美国留学生的幸运之子。

留学人才选拔

1978 年 8 月 4 日，中国教育部下发《关于增选出国留学生的通知》。通知中将选拔范围确定为高等院校教师、科研机构的研究人员以及科技管理干部、企事业科技人员。选拔条件要求基础理论扎实、专业水平高，有一定外语水平，具有两年以上本专业的工作经验，年龄为 40 岁

---

① 梁永钰，张大庆：重启中美医学交流：以《美中交流通讯》为例。《中国科技史料》，2004 年第 25 卷第 2 期，第 117-132 页。

② 钱江：《1978：留学改变人生》。成都：四川人民出版社，2017 年，第 7-12 页。

左右，身体健康且在政治方面符合出国要求。被选拔人员须经派出单位初选、全国外语统考、省级高教行政部门复审、教育部审核才可。其中，全国外语统考由教育部统一命题，考试由各省（区）、市主管高等教育的部门组织。考试分为笔试和口试两部分，笔试满分 100 分，口试 5 分。

北京、上海、天津等城市于当月接到了举行外语统考的通知，考试时间为 9 月 15 日，而一些边远城市则在 9 月初才得到消息。据统计，全国共有 12083 人参加外语笔试和口试，其中英语 10485 人、日语 1823 人、德语 159 人、法语 116 人。由于"文化大革命"对中国教育事业的影响，纵然这次外语统考的难度不高，但是考试的结果十分不理想。笔试达到 60 分者不及 2500 人，与最初计划的 3000 人有一定差距，于是教育部将笔试及格线下调至 50 分，并且降低了对高等院校的骨干教师、系主任的录取分数，这样勉强达到派遣 3000 名留学生的要求。

1978 年 9 月 26 日，教育部颁布《关于赴美中国教育代表团出访方针的指示》，提出在不影响国家机密的前提下，扩大开放现有接收外国留学生的专业范围，接收一些美国学生来华学习。美国方面也就互派留学生问题进行商讨，考虑到美国已与苏联有长期互派 50 名留学生的协定，美国提出可以派出 50 名学生赴中国留学。

1978 年 10 月 12 日，中国代表团抵达美国，与美国国家科学基金会主任理查德·阿特金森以及美国国际交流署、国家科学基金会的成员进行有关谈判。在 11 月 20 日双方最后一次会谈上，达成了 11 项口头谅解协议，其中包括 1978—1979 学年美方接收中方 500—700 名留学生、研究生和访问学者，中方接收 60 名美国留学生和访问学者。

从 1978 年 10 月 25 日起，中国教育部外事局出国处根据统考成绩、业务考评和考生登记情况，从考试基本合格者中选出 700—800 人的赴美留学名单，再从中选出成绩非常出色、专业水平尤为突出、外语成绩基本过关的 50 人，确定了第一批派往美国的留学生，其中就有童坦君。

留 学 美 国

出国学习是许多中国年轻学子的梦想，童坦君心中一直也存有这样的愿望。但是他没有想到这个愿望实现的既突然又艰难。

选拔考试

从 1954 年就读北京医学院、1959 年考上北京医学院生物化学专业研究生，到 1964 年毕业留校任教，1978 年时，童坦君在北京医学院已度过 24 年时光。这期间，他经历了本科生、研究生和助教间不同身份的转变，打下了扎实的医学基础，并在生物化学领域积累了科研经验。童坦君学习和工作一向努力，在专业知识方面的学习从未停止过，由于专业水平出众，1978 年 8 月，时年 44 岁、在北京医学院担任讲师的童坦君通过学校选拔，参加了由教育部统一组织的赴美留学考试。在英语统考中，童坦君笔试成绩 60 多分，口语更是取得了 5 分（满分）的优异成绩。这个成绩在当时参加考试的 1.2 万人中，属于比较不错的成绩了。

> 在口试时，我的登记表中年龄一栏写错了，于是我就主动用英语向考官解释了一下。可能此事为考官留下了深刻印象，于是口语考试的主考官给了我 5 分的满分。

每次回忆起这段经历，童坦君的脸上都会流露出灿烂的笑容。

其实童坦君第一次出国留学经历并非一帆风顺。据张宗玉回忆：

> 当时北医基础部举办英语培训班，生化教研室递文报名参加培训班的名单中没有童坦君。我知此事后，立即向基础部相关领导反映，

才争取到这一机会。①

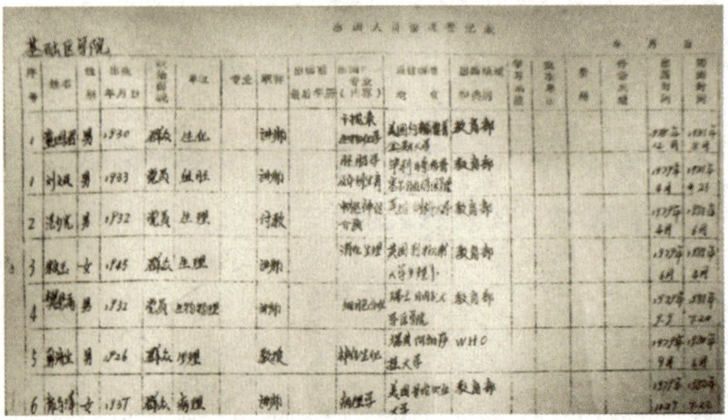

图 2-1　北京大学医学部校史展览《公费派遣专业进修人员名单》中，排名第一位即为童坦君（2017 年 1 月采集小组拍摄）

1978 年 12 月，童坦君来到北京语言学院参加为期两周的英语集训。同年 12 月 26 日，在时任教育部领导的周培源以及美国驻华联络处主任伍德霍克的欢送下，童坦君与其他 51 人登上了飞往巴基斯坦的航班，途径卡拉奇、索菲亚到巴黎，后转机美国航班飞抵纽约。当时赴美学习的 52 名留学人员来自全国各高校和部委的多个专业，其中卫生系统有 3 人，两位是协和医院临床专业的医生，只有童坦君一人是医学基础专业。

赴美学习

图 2-2　1978 年冬季，童坦君赴美留学时在白宫前留影（童坦君提供）

1978 年年末，童坦君等 52 名留学生刚到美国，就被等候在纽约机场的 NBC、ABC 等美国多家媒体进行了铺天盖地的报道，所到之处总能招来一大群外国记者。抵达美国第一天，童坦君等一行来到国会广场参观。没想到第二天，华盛顿当地报纸的显要位置就刊登了中国学者在华

---

① 张宗玉访谈，2017 年 10 月 20 日，北京。资料存于采集工程数据库。

盛顿纪念碑前留影的照片和相关报道。

初到美国的三个月，童坦君在美利坚大学进行英语学习。当时与中国留学生同窗的多是来自拉美和中东地区的学生。

> 中国学生擅长语法和阅读，但是听力有很大问题。老师念得很快，通常是听了前句、忘了后句，实在跟不上。不过经过大家的不懈努力，在结业时，中国学生的英语成绩尤其是听写成绩已经不比别人差了。[1]

之后，童坦君来到位于美国马里兰州巴尔的摩市的著名研究型私立大学约翰·霍普金斯大学[2]学习，师从华裔生物物理学家曹安邦[3]教授。出国前，童坦君曾向张迺蘅征求在美国科研方向的意见，张迺蘅建议他进行基因表达调控方面的研究，因为这是分子生物学的前沿，将来回国后能够为中国的生化发展做出更多贡献。因此，进入曹安邦教授实验室后，童坦君选择进行干扰素的研究。

约翰·霍普金斯大学的医学院在美国享有盛名，在这里，童坦君第一次感受到综合性教育和综合性科研的重要性。以前童坦君在国内主要从事生物化学研究，很少接触其他科学领域，但是想开展干扰素对细胞生长的影响研究，必须学习细胞生物学和生物物理学知识，必须依靠多学科的知识。

---

① 童坦君访谈，2016年10月25日，北京。资料存于采集工程数据库。

② 1873年，美国马里兰州巴尔的摩市银行家约翰·霍普金斯去世时留下了一笔价值700万美元的巨额遗产。遵照他的遗嘱，其遗产分别捐赠给以他名字命名的约翰·霍普金斯大学和约翰·霍普金斯医院。1876年1月22日，约翰·霍普金斯大学正式创立。霍普金斯大学旨在抛弃美式学院的陈规旧制，打造专注于扩展知识、研究生教育和鼓励研究风气的新式研究型大学。约翰·霍普金斯大学是美国第一所现代研究型大学，尤以医学、公共卫生、商学院、科学研究、国际关系及艺术等领域的卓越成就闻名世界，引发了美国大学向研究型大学转型的风潮。北京协和医学院就是仿照约翰·霍普金斯大学医学院的模式创建的。

③ 曹安邦（Paul O. P. Ts'，1929-2009）生于广东省中山县。美籍华裔生物物理化学家。1949年毕业于岭南大学，1951年赴美深造，先后获硕士、博士学位。历任约翰·霍普金斯大学生物物理学教授、高级研究员、美国生物细胞学会领导成员。世界上第一个显示核糖体的结构，发明了敏感方法检测小量血样里的循环癌细胞，可以早期发现癌细胞和跟踪治疗效果。20世纪80年代末研制成功治癌新药Ampligen。1974年编著《核酸化学的基本原理》，1977年编著《哺乳动物遗传者的分子生物学》。

初到美国实验室，由于没有接触过先进的实验设备，童坦君便跟着实验室中的两个研究生和一个博士后学习，在他们的热心帮助和指导下，童坦君很快便能够熟练使用仪器设备。一段时间后，有同事向童坦君推荐美国国立卫生研究院（National Institutes of Health，NIH）[①]，那里有专门针对博士后的研究项目，比较适合童坦君申请。这个机会对童坦君来说是惊喜也是意外，踌躇满志的他经过深思熟虑后，填报了 NIH 的博士后申请项目。因为当时的中国研究生尚没有硕士研究生和博士研究生之分，所以童坦君只能根据自己的学习和工作经历，以博士同等学力的资格申请 NIH 博士后奖学金。

图 2-3　1980 年，童坦君（左）与我国病理学家吴秉铨教授在美国 NIH 西大门前合影

半年后，童坦君终于摘得 NIH 的橄榄枝，获得 17000 多美元的资助，并获准在美国食品药品管理局（FDA）下属的生物制品署生物化学与生物物理研究部主任刘德勇教授的实验室进行生物化学研究，具体从事肿瘤血管生长因子与燕窝糖肽研究。研究临近结束时，童坦君获得了 NIH 颁发的博士后研究结业证书。至此，童坦君成为中国第一批获得美国政府博士后奖学金的学者之一，开创了美国国务院批准颁发博士后奖学金给中国留学

———————

① 美国国立卫生研究院是世界上从事生命科学研究非常重要的研究机构，在美国联邦政府研发经费中的份额仅次于国防部，是美国主要的医学与行为学研究机构，主要任务是探索生命本质和行为学方面的基础知识，并充分运用这些知识预防、诊断和治疗各种疾病和残障，延长人类寿命。

生的先河，同时也是我国第一个获得美国NIH博士后荣誉证书的中国学者。

对童坦君来说，美国留学的几年虽然学到的东西看起来不多，但是却开阔了他的眼界，这一点是美国留学最为重要的意义所在。他清楚地记得，在美国第一次接

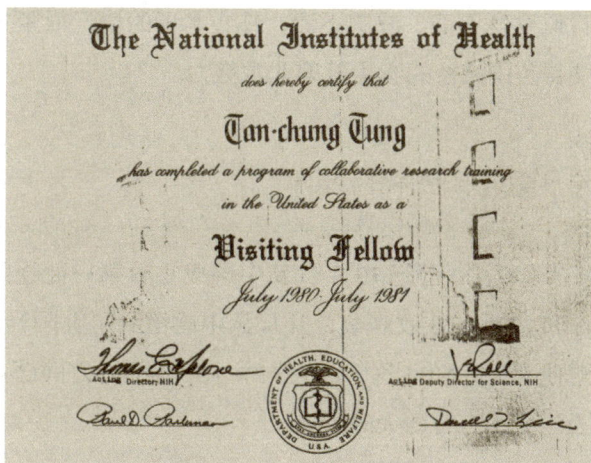

图2-4　1981年童坦君获得美国国立卫生研究院颁发的博士后研究结业证书（童坦君提供）

触到细胞培养的保温箱，第一次操作定量吸液体的电动设备，这些仪器在国内从未有过，有些仪器只是在文献中读到过。如一种通过旋转就能将液体自动摇匀的仪器，因为没有亲眼见过，从字面也看不出所以然，字典里也没有这类词汇，因此根本想象不出来这究竟是什么仪器，直到在美国亲眼见到后才恍然大悟。美国的学科融合给童坦君留下了特别深刻的印象，当时在国内研究生物化学时与其他学科领域接触极少，而在美国就要涉猎包括细胞生物学、生物物理学等多个学科，由此，童坦君对学科融合的必要性开始有了深刻的认识和感知。

此外，美国的研究生培养方式也让童坦君印象深刻。美国导师对学生科研上的管理非常宽松，仅为学生指导非常大的方向。而在具体研究上，比如蛋白质顺序研究、蛋白质合成研究等，导师会请国际上这方面数一数二的专家来开展讲座，用这些专家的方法和经验来诱导学生。认真用心听的学生在未来的研究之路上会受益颇多。导师也很少要求学生进行汇报，只需要一两个月汇报一下研究的大概状况，学生有很大的自由来把握自己的工作内容。这种方式让学生的工作成果与自身密切相关，做得好不仅对单位做出了贡献，也对其今后的发展提供了非常好的条件；如果不努力发表文章，自然会被淘汰。童坦君将这种管理方式比喻为鸭子拨水，表面上

看似纹丝不动、波澜不惊，其实水下的情况很紧张、竞争激烈，这种方式使得美国高校的学生普遍非常努力。

童坦君眼中的 NIH

作为 20 世纪 70 年代新中国成立后第一批赴美留学的学者，童坦君对 NIH 进行了细致观察，并且从中感悟到了美国当时科研体制的很多优点。对他来说，NIH 这个庞大的学术机构的方方面面对他日后科研活动管理能力的提高有着很大的影响。

NIH 的规模和历史

NIH 的前身是 1798 年建立的美国海员医疗服务机构，1887 年建立了以研究传染病为目的的卫生学研究室，1930 年更名为 NIH，1938 年迁至贝塞斯达现址。

NIH 可算是世界上最大、最全的生物医学研究机构之一。在童坦君留学时期，NIH 每年的论文发表量约 5000 篇，其中半数与生物化学有关。1979 年，NIH 的总人数 14439 人，其中研究人员及医务人员 4826 人，博士水平以上的研究人员 2501 人。

NIH 在性质上相当于中国医学科学院，但又不完全相似。它不仅是美国最大的医学、生物学研究机构，而且掌握全国医学、生物学数额巨大的研究基金的审批权。该院位于美国东海岸马里兰州南部人口不到十万的小镇贝塞斯达，由美国卫生部下属的公共卫生服务司直辖。院本部有大楼 62 栋，辖有 11 个研究所、1 个临床研究中心及规模巨大的国立医学图书馆。院内有环行班车可以搭乘。

在贝塞斯达原属 NIH 的国立精神卫生研究所（NIMH）和生物制品标准局（BOB）虽已划归其他部门，但仍与 NIH 有密切联系。除贝塞斯达本部外，NIH 在巴尔的摩市、洛杉矶、檀香山市以及马萨诸塞州等地还有数个研究中心。

NIH 研究基金与仪器设备

据美国官方公布，1979 年度拨给 NIH 的研究经费为 31 亿美元。NIH

本身的预算经费直接由美国国会批准，1979 年度为 10 亿美元，其余的 21 亿美元则作为基金颁发给各大学或其他研究机构的科学工作者，作为研究经费。研究经费通过本人申请，由专门学术评议委员会进行同行评议，择优颁发。

NIH 各研究所的研究者则不必申请研究基金，他们有较为固定的研究经费。因经费相当充足，所以 NIH 各研究所高灵敏度的氨基酸分析仪、氨基酸顺序分析仪、质谱仪、色谱仪、核磁共振等仪器应有尽有，紫外光分光光度计、可见光分光光度计、高速与超速离心机、液体闪烁计数器之类的常规仪器更是数以百计，并由 Beckman 仪器公司派有常驻的高级维修人员。研究室中经常有各生化仪器厂、试剂厂的推销员上门展销，瑞典的 LKB 与 Pharmacia 等公司亦在那里进行定期展览，招揽生意。有人说 NIH 空间相对少的部分原因是仪器太多，这话是有一定道理的。

在曹安邦教授实验室已经体会到美国科研设备优越性的童坦君，来到 NIH 之后更是觉得山外青山楼外楼。NIH 可以说是全球最大、生命科学研究最强的实验集群，科研资金丰厚，这也是其他大学无法与之比拟的地方。例如，在约翰·霍普金斯大学，童坦君所在的实验室虽然资金比较充足，但是一个干扰素实验室只有一套取样器，两个博士生和一个博士后共用一套移液枪。到了 NIH 实验室，他一人便配备了一套移液枪，其他的实验室耗材也都是随便领取。童坦君感到来到 NIH 是一个正确的决定，一方面做科学研究，另一方面更加开阔了眼界，看到了全球的形势，从科学的角度看到了国家欠缺的地方，他认为这也是我国派遣人才出国留学的一个重要考量。

NIH 学术研究管窥

NIH 的生物化学研究群体甚为庞大。以 1981 年夏在圣路易斯举行的第 72 届美国生物化学协会年会来说，本届年会收到论文摘要 2100 篇，其中 88 篇来自 NIH 或 NIH 及其协作者完成的研究成果，在研究质量方面非常引人注目。1980—1981 年，童坦君刚好进入 NIH 开展博士后研究工作，当时在 NIH 的现职人员中有四位科学家摘得诺贝尔科学奖，其中三位都是生物化学家，分别是因揭示遗传密码获得 1968 年诺贝尔生理学或医学奖的马歇尔·沃伦·尼伦伯格、因研究神经介质获得 1970 年诺贝尔生理学或医学奖的朱利叶斯·阿克塞尔罗德以及因证明蛋白质高级结构取决于其一级结构而获得 1972 年诺贝尔生理学或医学奖的 C. B. Anfinsen。这三位医学家的杰出成就都是在 NIH 工作期间取得的，能够与这样高水平的科学家在如此近距离的环境里一起工作，对童坦君来说是难得的学习机会。NIH 的研究氛围以及这里的科学家们捕获医学领域前沿研究方向的洞察力深深影响着童坦君。

　　NIH 所属各研究所都有从事生物化学或分子生物学的研究室，研究课题包罗万象，尖端的如基因工程，普通的如临床化验，无所不有。以 NIH 各个研究所中最大的国立癌症研究所为例，旗下设有单独的生物化学研究室，下分七个研究组。室主任 M.F. Singer 女士直接领导研究所的工作，以 SV40 病毒为中心进行研究，提纯 SV40 病毒的 T 抗原并鉴定其生物学活性。此种蛋白质可能与 DNA 合成的调节以及致肿瘤过程的细胞转化有关。这支研究队伍还研究 SV40 病毒宿主——非洲绿猴的 DNA 重复顺序的核苷酸序列，分离出重复顺序后，用分子克隆技术使其倍增，然后分析。国立癌症研究所的分子生物学研究室亦下辖七个研究组。室主任 I. H.Pastan 直接领导一个十人小组研究鸡肉瘤病毒的致癌基因——Src 基因的产物。该产物为分子量约 6 万的磷酸化蛋白质，除提纯外，也研究其细胞内生物学作用及定位。此外，还用荧光标记法研究胰岛素、表皮生长因子等蛋白类激素、低密度脂蛋白等蛋白类配体与质膜的相互作用，由此而发现受体（receptor）。受体是将蛋白类配体运至细胞内的一类泡壁光滑的泡状体。该研究室的膜生物化学研究组由 K.M.Yamada 任组长，研究致癌过程与细胞膜及细胞表面蛋白质的相互关系。Yamada 本人是粘连蛋白（fibronectin，也有译为纤维连接素）的发现人。该研究组建立了分离粘连蛋白及其特异性结合片段的方法，并对该蛋白进行了鉴定。粘连蛋白是细胞表面及血浆中存在的一种分子量较高、具有粘连作用的糖蛋白，与正常细胞转化为癌细胞时细胞形态变化有关。利用遗传工程方法大量制备粘连蛋白是该研究组的研究目标之一。

　　这些都是当时国内未曾开展的研究。

NIH 的国际交流

NIH 经常资助或主办生物科学、医学方面的国际性学术会议。在贝塞斯达召开的学术会议每年有十余场。除学术会议外，几乎每天都有外国科学家的报告会，一周有 20—40 次学术报告。NIH 每周都会印发学术活动日程表（也称 Yellow sheet）寄发到大华盛顿地区（包括华盛顿市、巴尔的摩市及马里兰州的部分地区）的多家学术单位。这些报告大多由 NIH 聘请专家主讲，而这些专家多数来自美国以外。据 20 世纪 80 年代统计，NIH 的访问学者最多时来自世界 50 多个国家或地区，人数在 700 人以上，其中以日本学者最多，其次是英国、印度和意大利。童坦君回忆，"在 NIH 随时可以碰到各种肤色的学术界名流。这些人有的已是世居美国的美国公民，有的则是保留本国国籍的外籍人士"。

在当时的 NIH，华裔工作人员有 300 余人，多数为美国公民，少数为访问学者。1979 年年底童坦君到达 NIH 时，在 NIH 的中国访问学者仅有一位妇产科医生。两年后，中国学者增至 20 余人，其中生物化学研究者约占半数。置身于 NIH，童坦君深切地感受到这里浓浓的学术氛围，力争尽可能多地参加各种学术活动，聆听世界上著名学者带来的学术前沿分享，同时抓紧时间记录这些前沿科学进展，尤其是医学领域的学术发展，撰写成文，及时介绍给中国国内学者。

1980 年 5 月，童坦君参加了在贝塞斯达城举行的蛋白质与肽的化学合成及顺序分析国际会议。会议由美国华裔生物化学家刘德勇与 A. N. Schehcter 主持。除美籍学者外，还有来自中国、联邦德国、英国、日本等国的蛋白质化学专家及有关科学家共百余人。

会议分两个议题。第一个议题是蛋白质与肽的化学合成，由匹兹堡大学的 K.H.Hofmann 教授主持，共有七位发言者。其中，英国牛津大学的 G.T.Young 博士综合介绍了肽化学合成中的几个突出问题，比较了各种保护基团的不同除去方法；中国科学院生物化学研究所的纽经义博士介绍了我国继胰岛素化学全合成后，在肽类合成方面所取得的一系列成就，如人胰岛素原 C（联结）肽的固相合成、胰高血糖素的固相合成、烟草斑纹病

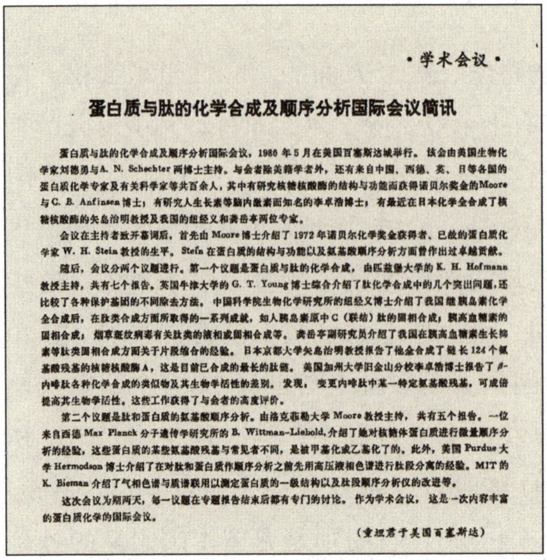

图 2-5　1980 年 5 月，童坦君撰写《蛋白质与肽的化学合成及顺序分析国际会议简讯》(采集小组制作)

毒有关肽类的液相或固相合成等；龚岳亭副研究员介绍了我国在胰高血糖素生长抑素等肽类固相合成方面关于片段缩合的经验；日本京都大学矢岛治明教授报告其全合成了链长 124 个氨基酸残基的核糖核酸酶 A，这是目前已合成的最长肽链；美国加州大学旧金山分校李卓浩博士报告了 β - 内啡肽各种化学合成的类似物及其生物学活性的差别，研究发现变更内啡肽中某一特定氨基酸残基可成倍提高其生物学活性。这些工作获得了与会者的高度评价。

第二个议题是肽和蛋白质的氨基酸顺序分析，由洛克菲勒大学 Moore 教授主持，共有五个报告。来自联邦德国马克斯·普朗克分子遗传学研究所的 B.Wittman-Liebold 介绍了核糖体蛋白质微量顺序分析的经验；美国普渡大学 Hermodson 博士介绍了在对肽和蛋白质作顺序分析之前先用高压液相色谱进行肽段分离的经验；麻省理工学院的 K.Bieman 介绍了气相色谱与质谱联用以测定蛋白质的一级结构以及肽段顺序分析仪的改进等。

会议虽然只有两天，但讨论热烈，是一次内容丰富的高水平的蛋白质化学国际会议。[1] 童坦君深知这次会议的重要性，于是及时撰写了《蛋白质与肽的化学合成及顺序分析国际会议简讯》刊登在《生理科学进展》，向国内同行介绍国际学者的最新研究成果。

---

① 童坦君：蛋白质与肽的化学合成及顺序分析国际会议简讯。《生理科学进展》，1981 年第 1 期，第 39 页。

留 美 感 怀

　　1978 年，北京的大街小巷，人们的穿着依旧是素色的工人服或中山装、颜色及款式单一。在赴美前，中国政府为 52 名留学生统一定制了气派又正式的深灰色呢子大衣，女士们也无一例外统一着装。这一身行头在美国人眼中很是稀奇，街头巷尾总会有人问他们穿的是不是制服。而十年后，改革开放打开了中国通往世界的大门，中国经济开始迅速腾飞，人们的生活发生了明显变化。"北京灰"早已消失，在北京街头随处可见五彩缤纷的鲜艳服装，服装的样式也多种多样。这些变化让童坦君颇有感慨，时代变迁之巨大始料未及。

　　1988 年，距派遣 52 名赴美留学生已经过去了十个年头。52 名留学生在美国顺利完成学业，并已全部回国。在这十年里，归国学子投身祖国建设取得了不菲的成就。童坦君发自内心地感到科研人员的好时机到来了，他难抑心头的激动，提笔写下了《留美十年话今昔》。①

　　去年 12 月初，接到欧美同学会来函，对于尚未申请入会的我颇觉意外。打开信封，原来是一份通知。通知参加 1988 年圣诞日由欧美同学会组织的第一批赴美访问学者的聚会，"畅谈成就，共叙友谊"。这才想起我国改革开放以来，第一批赴美进修访问的学者由国家公派留美已过去整整十年了。这十年是巨变的十年。十年后的今天，在美留学的我国人员已数以万计；十年前，去美留学尚难以想象。

从梦境到现实

　　1978 年 12 月 26 日，也就是圣诞后一天，中美尚未正式建交。我们来自科学院、高等院校、各部委以及几个中央直属市的五十个同

---

① 童坦君：留美十年话今昔。资料存于采集工程数据库。

志，经国家考试赴美进修科技，如同梦境地登上了巴基斯坦的航班，终于意识到中美三十年文化交流的中断已成为历史，面向世界的我国开放步伐正在加快，我们已经步入了一个新的时期。在当时教育部领导同志、科协的周培源学长和美国驻华联络处主任伍德霍克的欢送下，我们经卡拉奇、索非亚、取道巴黎，换乘美国航机飞抵纽约。

倏忽十年，平添了几茎白发，回想自美返国，人人忙于工作，学友间音讯稀疏，如今得以共聚一堂，亦是人生一乐。

人生一乐

聚会当天，见到了欧美同学会的老学长伍修权和周培源等前辈，阔别多年的当时领队、清华大学的柳百诚学友是这次会议的发起者和主持人，见到了当时的副领队、现在协和医院妇产科主任吴葆桢学友和内科主任吴宁学友。吴葆桢大夫当年抵纽约肯尼迪机场时，曾代表我们五十人宣读对美国人民的友好讲话。当晚九时许，我们到达华盛顿的我国驻美联络处（即现大使馆）寓处，在晚餐期间看到了当时国内很少见到的24寸彩色电视机。新闻节目中正播放着吴葆桢的讲话，接着播放了访问学者、北京大学计算机系许卓群学友与其在美的兄长分离30年后在机场重逢的感人镜头，和我国驻联合国使团、美国学术团体与华侨在纽约机场欢迎我国第一批访问学者的热烈场面。

十年后，聚会那天，除在北京的学友纷纷到达外，远在天津的两位学友也赶来地处北京南河沿的欧美同学会，参加了会议。50人到了20余位。叙友谊、谈成就之际，听到了学友中积极投身教育、科技事业，已有人英年早逝，不禁伤感。在会上还见到国家教委的领导同志，其中有组织我们五十人赴美、并在美多次和我们打交道的原教育部同志以及不少报刊电视台的记者。可谓乐中有忧、忧中有乐。

老学长的勉励

会上，欧美同学会的常务副会长、早年留学苏联的中顾委伍修权学长勉励我们多做工作。名誉会长周培源学长与教育部原副部长是赴美进行中美交换访问学者谈判的中方代表。作为当事人，回顾谈判过程，周老谈来娓娓动听。他还谈到，五六十年前，他在美留学，学成后受到重金聘任，但毅然回国，接受微薄的薪水，投身我国教育事业的经过。他为我们五十人在美进修期满、先后全部回国、参加祖国建设，感到欣慰。

学有所用是根本

座谈会上，学友们回顾了初到美国的艰难时刻。一切对我们都很生疏。在有些城市，我们是唯一的中国公民。只有依靠自己的奋斗和友好华人的帮助，才逐渐适应了环境、适应了工作和学习，取得了成绩。其中清华大学的教授李衍达、赵南明等学友率先发言。学友们畅谈了回国后的成就和问题。昔日四十岁上下的一群讲师、助教、实习研究员，十年来已纷纷成长为本学科的带头人、系主任、教授、研究员和博士生导师。有的学友已成为所在部门的业务领导，为国家做出了直接贡献。不少学友获得了国家科技奖和国家科学基金，担任着国家重大科技项目的研究任务。但是目前的问题也不少，主要有年轻一辈科技工作者的工作稳定性问题、出国热问题，如何既坚持开放，又能使年轻同志坚持岗位、踏踏实实做好本职工作的问题。在对待留学人员的工作中，既不至"找来女婿气走儿子"，使在业务岗位上的同志感到留学是唯一的出路，因而不安心工作；又能使留学归来人员生活上得到适当照顾、学有所用、发挥所长。会上，学友们也谈到了不少当年的趣事。

趣事逸事

1978 年，北京街头的服装还十分单一。我们赴美时，人人千篇一律地穿着深灰色大衣，甚至女士们也无一例外。在国外非常容易识别，令人注目。刚抵华盛顿，一上街，就有不少当地记者带着照相机尾随而来。甚至在外吃饭时，刚拿住炸鸡，前面立即出现了闪光的照相机。也许这一镜头第二天就会出现在华盛顿邮报上，配以一段新闻报道。到美不久后，即听到了中美正式建交和邓小平同志即将访美的消息。1月中旬见到了邓小平同志。1月30日那天，我们应邀参加了卡特总统夫人为卓琳同志举办的招待会。会上有不少好莱坞明星，可惜我们一个也不认识。因为大衣的外形和颜色完全相同，离开时竟难以认出哪件是自己的，只得随手捡一件合身的穿上。对照目前北京街头五彩缤纷的服饰，不由得感到时代的变迁。

"外流"和"回流"

谈到如何解决近年来出国留学多、回国少、"回收率"有所下降的问题，为什么第一批公派留美人员几乎人人如期先后回国？当时并无任何硬性规定。学友们认为深受重任的使命感是回国的动力。如何提高"回收率"？一是要为留学回国人员积极创造工作和生活的适当条件，这涉及对知识分子总的政策问题。二是仍要坚持开放政策，使留学人员无所顾虑。不致因出国难，一旦出去尽量滞留他国。再者，任何国家吸收异国人才都有一定的饱和度，超过饱和度，必然会刹车，所谓"你不管、他管"。退一步讲，即使有些留学人员暂时不回来，在国外储备

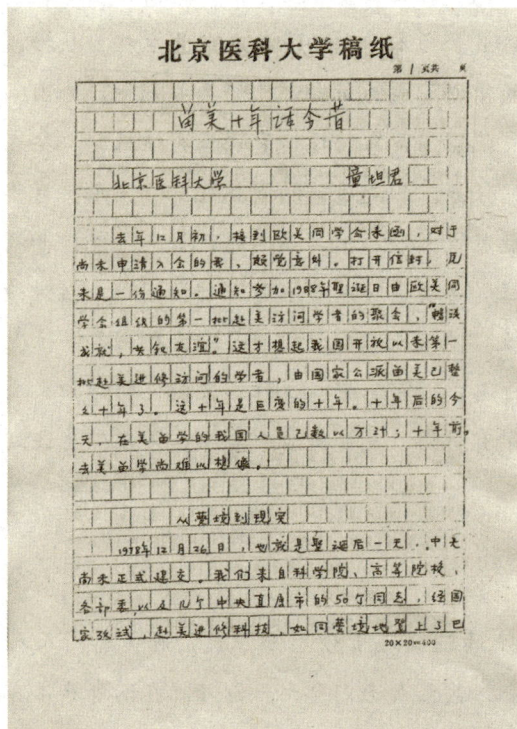

图2-6 《留美十年话今昔》首页手稿原件（童坦君提供）

一定人才也并非坏事。在急需人才的情况下、在可以充分展现其聪明才智的条件下，相信不少人才仍会"回流"。

1986—1988 年，童坦君再次赴美国加州大学戴维斯分校、美国纽约大学等地访问交流。他感慨地说：

> 上个世纪八十年代的留学岁月让人终生难忘，那次出国经历极大地开阔了自己的眼界，接触到了各种先进的学术思想，对今后的科研工作具有极其深远的意义。[1]

---

[1]　童坦君访谈，2016 年 10 月 25 日，北京。资料存于采集工程数据库。

第三章
探索蛋白质化学

肿瘤蛋白质化学

从美国学成归国后的最初几年，童坦君继续在刘思职的指导下开展肿瘤相关研究。这一阶段，他将肿瘤研究与此前的蛋白质研究结合在一起，专心研究肿瘤相关的 DNA 结合蛋白，并探究肿瘤的诊断、治疗和预防。

肿瘤 DNA 结合蛋白

血清中有一小部分蛋白质在体外能与 DNA 结合，被称为血清 DNA 结合蛋白质（简称 DBP），其组成与生物学意义在当时尚不清楚。通过阅读国外学者的相关研究，童坦君了解到 Hoch 等人于 1975 年发现肿瘤患者有一种血清 DBP 含量增高，并引起人们的注意。此后，科学家针对血清 DBP 与肿瘤的关系作了进一步探讨，发现若干种血清 DBP 的水平在肿瘤患者中有变化。

针对这种现象，童坦君开始着手对恶性肿瘤患者和正常人的血清 DBP 进行测定和比较。[1] 研究表明，人体患有恶性肿瘤时，血清 DBP 作为一个整体其水平有增高趋势，这种增高可能由与肿瘤相关的某种血清 DBP 变化所致，也可能是几种血清 DBP 的共同变化结果。这个发现对于进一步深入研究有一定启发意义。童坦君指出，虽然统计学处理表明肿瘤患者与正常人的血清 DBP 水平有显著差异，但是由于两组血清 DBP 值的分布有较大重叠，说明将血清 DBP 总量作为临床诊断指标并不适宜，关于血清 DBP 含量与肿瘤疗效的关系及其预后意义尚有待继续观察；此外，不同种恶性肿瘤组间血清 DBP 含量无显著差异，表明人体患有恶性肿瘤时血清 DBP（一种或几种）的改变可能没有肿瘤的类别特异性[2]。

在对体液 DNA 结合蛋白进行了系统研究后，童坦君实验室观察到细胞核内存在着某些体液 DNA 结合蛋白。细胞核内 DNA 结合蛋白（DBP）是对 DNA 结构和功能具有重要调节功能的一群蛋白质。它们种类繁多，除组蛋白等少数几种蛋白质外，在核内的含量都很低，因此分离纯化非常困难，对其功能的研究也受到了限制。现知真核细胞核内 DBP 对 DBA 的作用与原核生物相应 DBP 有相似之处，但要复杂得多。童坦君实验室通过制备单链 DNA 纤维素和双链 DNA 纤维素，提取了大鼠肝细胞核内 DBP，依据与这两种 DNA 纤维素亲和力的不同，将核内 DBP 分离成三类，即只与单链 DNA 结合的 DBP（I）、只与双链 DNA 结合的 DBP（II）和兼与单双链 DNA 结合的 DBP（III）。正常大鼠肝细胞核内 DBP 的各组分以 III 组分含量最高，I 次之，II 含量最低。肿瘤细胞是一类生长失去控制、异常增生的真核细胞，其直接起因可能是 DNA 复制或转录失控，核内 DBP 在这方面有重要作用。童坦君实验室对比研究了小鼠正常肝脏和

---

[1] 於利敏，童坦君，张昌颖，等：癌症患者血清 DNA 结合蛋白质总量的改变。《生物化学杂志》，1986 年第 4 期，第 93-95 页。

[2] 刘宇红，龚秋明，童坦君：H_（22）腹水型肝癌患鼠血清中一种高分子量 DNA 结合蛋白的分离。《北京医科大学学报》，1989 年第 5 期，第 372 页。

小鼠腹水型肝癌细胞核 DBP 以上三类组分的电泳谱型及其染色区带密度的扫描图谱，发现肿瘤细胞核内 DBP 量明显增加，且类别上与正常者亦有所不同。①

肿瘤蛋白标记物

肿瘤治疗的成功在很大程度上取决于诊断的及时，而肿瘤标志物在肿瘤早期诊断方面具有不可忽视的作用。目前，已被发现并有效应用于临床的肿瘤标志物有甲胎蛋白（AFP）、癌胚抗原（CEA）等，前者主要用于诊断肝癌，后者在消化系统肿瘤中有特异改变。1975 年，Hoch 等人报道了一种血清 DNA 结合蛋白质（C8DP）在患恶性肿瘤时有异常变化，将其作为癌症普查筛选手段可能有独特作用。其后，科学家又发现了另一种人血清 DNA 结合蛋白质（64DP）也具有类似特性。童坦君认为这些定量测定方法比较烦琐和粗糙，于是带领实验室人员建立了简便灵敏的 64DP 酶免疫测定法（ELISA），此法在几小时之内就能定量测出几十份样本的 64DP 含量，灵敏度可达 ng 水平。②

在进行肿瘤相关的 DNA 结合蛋白研究的同时，童坦君实验室发现这些 DNA 结合蛋白具有潜在的肿瘤诊断价值。实验室以患艾氏腹水癌的小鼠为研究对象，率先分离、提纯得到了血清 DNA 结合蛋白，并利用免疫吸收法及免疫亲和层析法，从艾氏腹水癌小鼠血清脱氧核糖核酸结合蛋白中分离得到了一种高分子量蛋白质 HDBP。HDBP 在免疫双扩散反应中可与抗艾氏腹水癌小鼠血清 DBP 的兔抗血清产生一条沉淀线，但与正常小鼠血清 DBP 的兔抗血清不产生可见的沉淀线。进一步用免疫电泳法分析，艾氏腹水癌小鼠血清 DBP 可与抗 DBP 的兔血清产生 9—10 条沉淀线，但与 HDBP 只产生 1 条沉淀线。随后，实验室测定该蛋白质的氨基酸组成中

① 翟原，於利敏，张宗玉，等：肝癌细胞核内 DNA 结合蛋白的分类研究。《北京医科大学学报》，1990 年第 5 期，第 367 页。

② 於利敏，童坦君，张昌颖：ELISA 检测肿瘤患者血清 64DP。《生物化学杂志》，1988 年第 3 期，第 263-268 页。

富有绷氨酸、苏氨酸、丝氨酸与谷氨酸，并且在肝癌患鼠血清中及腹水癌患鼠腹水液中亦发现此种蛋白质，但在正常小鼠血清中未能检出此种蛋白质的存在。[1]

关注肿瘤预防研究

除了在实验室对癌症进行分子水平的研究，童坦君也时刻关注着癌症预防的进展。他指出，随着社会的发展，环境污染和癌症预防越来越令人关注。多年来，科学家们已经发现人体具有抑制癌症的自我保护作用。近年来，肿瘤的化学预防已逐渐提到日程。化学防癌，即是用药物或饮食增强人体的此种作用，或是阻断致癌过程、阻止致癌物活化、阻止致癌物与DNA 结合；或是使癌前期细胞逆转，阻断癌前期细胞成为具有侵袭性与恶性转移性的癌细胞。

"七五"期间，河南林县地区曾使用中草药制剂等药物干预食管癌的发病，并取得显著成果。中国与日本等国的研究表明大量饮用绿茶具有防癌作用，绿茶的防癌作用可能与其所含有的多酚类物质有关。美国科学家发现十字花科蔬菜中的一种椰花菜可阻断多种致癌物的活化，而这种抗癌作用可能与椰花菜含有大量异硫氰酸盐与萝卜硫素有关。此外，类固醇激素受体超家族成员与肿瘤发生有重要关系，维生素 A 与维生素 D 的受体都是这一超家族的成员。维生素 A 的衍生物——维甲酸类化合物可以使某些白血病细胞逆转，具有抗癌作用，已由国内外几经证实，是中国"八五"期间攻关项目和国家自然科学基金重点项目之一。国际上新合成的维生素 D 衍生物 EB1089 对钙的调节作用甚弱，但促分化和抑制细胞作用甚强，与维甲酸类化合物同属即将走向市场的化学防癌剂。

---

[1]　龚秋明，童坦君：艾氏腹水癌患鼠血清高分子量DNA 结合蛋白的分离与鉴定。《北京医科大学学报》，1991 年第 1 期，第 5 页。

除日常生活中与饮食有关的物质可用于防癌外，近年有科学家发现转化生长因子（TGF）β可强烈抑制上皮细胞分裂，在防治上皮癌方面有一定前景；环 - 磷酸腺苷（cAMP）的某些衍生物可抑制多种肿瘤细胞生长，也具有良好的抗癌前景[1]。

蛋白质生物合成

北京医学院作为 1912 年创建的百年名校，非常重视教学质量。对于基础学科，尤其是发展较快的前沿学科更是密切关注其前沿动态。学校的传统就是教学科研并重。基础医学院作为北京医学院的重要组成部分，其教学和科研质量成为衡量学校办学水平的重要标准，而生物化学（及分子生物学）又是基础医学院重中之重的学科。作为基础医学院生物化学专业的教师，童坦君知道必须身兼两职，教学与科研两不误。因此，回国之后除了开展肿瘤相关的科学研究，依旧积极投入学校的生物化学教学工作，并再次参与了教材编写工作。

1977 年 12 月，中国 570 万名考生走进了被关闭 11 年的高考考场，当时只有 1/3 考生能够被高校录取。按照医学院的课程设置，1979 年春季学期应该为学生开设生物化学课程。为满足招生制度改革后首批大学生的学习要求，北京医学院的教师们认真探讨如何编写新时期符合中国医学人才培养需要的生物化学教材。

1981 年 10 月，卫生部在武汉召开全国高等医学院校医学专业教材编审委员会会议，决定重新修订《生物化学》（1978 年第一版），并作为高等医学院校教材主要供五年制医学专业使用。[2] 张昌颖教授作为主编，组织北京医学院、上海第一医学院、中山医学院、山东医学院、哈尔滨医科大学、浙江医科大学、湖南医学院、遵义医学院 8 所院校的生物化学家编

---

[1] 童坦君：抗癌热点——化学防癌。《生理科学进展》，1994 年第 2 期，第 136 页。

[2] 张昌颖：《生物化学》（第二版）。北京：人民卫生出版社，1985 年，第 1 页。

写了全国高等医药院校使用教材——《生物化学》（第二版）。生物化学这一学科的进展十分迅速，考虑到医学教育的需要，此书以人体的物质代谢为中心内容，尽可能结合结构与功能的关系介绍有关新进展，并指明发展的方向。全书共设立 23 章，几乎包括了医学所需的生物化学基础。此外，此书还对专业的生化词汇进行了补充和更新。历来医学院校生物化学教材中的名词多数来自 1954 年卫生部教材编审委员会编订的《生物化学名词》、1957 年人民卫生出版社编订的《医学名词汇编》及 1961 年中国科学院编译出版委员会名词室编订的《英汉化学化工词汇》。此书中的名词绝大多数也是来自这几本词汇。同时，为了补充这几本词汇的不足，还参照选用了 1977 年科学出版社出版的《英汉生物化学词汇》及 1976 年人民卫生出版社出版的《英汉常用医学词汇》的一些名词，此外还有一些新的名词是本书编写时译订的。

20 世纪 70 年代，氨基酸密码等生物化学的基本问题已经被科学家逐一破解，童坦君认为当时国际上的蛋白质化学研究已经取得了很多成果，而且热点问题已经从蛋白质结构的测定转移到蛋白质合成问题。于是，由他执笔在教材中首次增加了《蛋白质生物合成》一章。为了写好这一章内容，童坦君广泛收集国内外文献，认真梳理，最后完成了大约 3 万字的编写。也正是从童坦君之后，我国医药院校生物化学教科书中增添了《蛋白质生物合成》的内容且都独

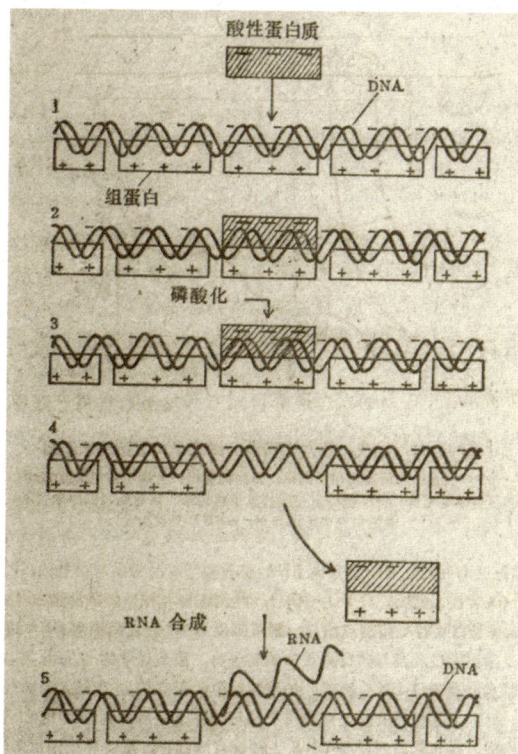

图 3-1 1985 年《生物化学》第 12 章《蛋白质生物合成》中的"非组蛋白的染色质酸性蛋白质的磷酸化与基因活性的显现"示意图（采集小组制作）

立成章。

在编写这本生物化学教材时，由于张昌颖教授的秘书梁康已去美国留学，时任北京医学院讲师的童坦君接任了梁康老师的工作，负责很多协调、组稿、整合、复核等编撰过程中的事务性工作，而且对于教材各部分内容之间的衔接、部分重复内容的调整、详略不当内容的增减、图表不合规范处的修改等都做了认真细致的修订。

1978年版的《生物化学》教材编写及时，满足了高考恢复后前几届大学生学习生物化学的需求。1984年，《生物化学》由北京人民卫生出版社再版发行，童坦君也积极参与到再版编写的工作中，并在1978年版教材的基础上对《蛋白质生物合成》一章进行了补充修订。

第四章
初启衰老研究

开创国内衰老机理研究

萌生衰老研究想法

1981 年，童坦君留美归国后对国内外的衰老医学研究状况和发展趋势进行了对比分析。当时，国内老年医学基础研究几近空白，即使美国这样的强国，其衰老研究的专门机构也不多，因此，中国在这个领域与美国基本处于同一起跑线。然而，美国衰老医学研究的"起跑"速度却远远快于中国，当童坦君再次赴美时，美国国家级的衰老研究所已有不少成果。他立刻敏感地意识到，如果不及时填补国内在衰老研究领域的空白，我国的衰老基础研究将会很快落后国外一大截。

童坦君第一次赴美的时候，美国国立卫生研究院在巴尔的摩设有衰老研究所。而当时中国的老年医学研究刚刚起步，完全没有形成正式的学科和研究体系，即使已经有不少机构在做肿瘤方面的研究，可是衰老研究在医学界局限于临床医院和保健医院，对老年医学的基础研究尚未开展。

当时我和一同留学美国的吴秉铨教授到一位华侨家里聚会，席间一起聊天、吃晚饭，开始讨论回国之后应该从事哪方面的工作。他们认为，中国人口数量极为庞大，可是衰老研究还没有建立，这么多老年人将来怎么办？

童坦君和吴秉铨达成共识，回国之后要进行老年医学研究。但是归国后，童坦君并没有马上开始老年医学相关研究。因为当时刘思职教授的研究方向主要是肿瘤生化研究，所以他依然在导师的指导下延续研究生时期的肿瘤研究工作。不过一次意外，使童坦君不经意地开始了老年医学相关的实验研究。

1981 年的一天，张宗玉利用实验动物小白鼠完成了自己的实验，那是一批年近 3 岁的小白鼠，这个年龄对于小白鼠来说相当于人类的 90 岁，按照实验规程，小白鼠本应该处理掉，但是童坦君和张宗玉都觉得有点儿可惜。因为张宗玉不是刘思职的研究生，研究方向不受限制，于是童坦君让张宗玉利用这批衰老的小白鼠做了一些初步的衰老研究实验。1982 年，张宗玉正式开始衰老领域的基础研究，成为国内率先开展衰老基础研究的学者之一。

童坦君真正开始做老年医学研究，是在 1988 年第二次赴美访问回国之后。当时张宗玉正好要出国进修一年，童坦君责无旁贷地接替张宗玉，管理她手下的研究生，因为这些学生的课题均与衰老研究相关，于是童坦君自此正式开始了衰老医学的研究。此前，张宗玉进行的衰老研究主要是整体动物实验。1992 年，在童坦君接手衰老研究后，他把肿瘤研究中的分子生物学基因的技术思路引入到衰老研究中，使衰老研究水平有了很大提高。

张宗玉分别于 1981 年和 1991 年两次赴美，在美国国立卫生研究院与托马斯杰弗逊大学医学院进行学习访问。两次访问的主要目的均与衰老科学研究有关。

童坦君将科研方向转为衰老研究后，与张宗玉的共同科研经历更加坚定了他们攻克衰老难题的决心。其实，童坦君与衰老医学的结缘自始至终都离不开张宗玉的辅助。志同道合的科研伴侣相携相扶数十载，共同见证了中国学者在衰老研究道路上的艰苦奋斗，也见证了我国衰老基础医学研究的发展历程。

图 4-1　1981 年，张宗玉赴美国国立卫生研究院访问时与华裔科学家合影（前排左五为张宗玉，后排右三为童坦君，童坦君提供）

衰老研究的新机遇

21 世纪来临之际，童坦君从战略高度对衰老分子生物学的发展前景进行了展望，他认为 21 世纪必将是中国老年基础医学研究不断深入和发展壮大的机遇期。

首先是技术革新的机遇。分子生物学理论和技术的应用使衰老基础研究从细胞水平深入到了基因水平，基因芯片、核酸定量检测、高通量基因测序、蛋白质组学分析等一系列高新技术手段大大加速了衰老研究的进程。科学家们已从多个物种找到了与衰老有关的基因，如 Werner 早老综合征由 WRN 基因突变所致；类似的，郝－吉氏早老症（即 HG 早老症）是一类幼年期就出现衰老现象的早老症，核纤层蛋白 A 基因突变是其发病原因之一。童坦君坚信随着新的衰老相关基因的不断发现，衰老基础研究领域对青年科研人员的吸引力会变得越来越强。

其次是研究资源和健康需求的机遇。中国是世界人口第一大国，人们生活水平日益提高，平均寿命不断延长，初步估计中国百岁以上的长寿老人已达万人。一方面，对这些长寿家系以及老年遗传病家系基因资源的保护和利用，将为中国衰老分子生物学研究提供得天独厚的资源优势；另一方面，人们健康保健意识不断增强，抗衰延寿的需求日益强烈。这些都是衰老基础研究的难得机遇，同时也为科研人员取得研究资源和进行科研成果的科普宣传提供了便利。

最后是国家重视与经费支持的机遇。分子生物学离不开先进的设备和昂贵的试剂，是需要高投入的前沿学科；同样地，衰老的分子机理研究作为探索性研究充满了不确定性，同样需要大量的经费支持。令人欣喜的是，投身衰老医学研究的人才队伍不断壮大，科研经费扶持力度不断加强，中国老年医学渐成规模。国家自然科学基金针对衰老基础研究的资助每年多达 10 余项，其中衰老分子机制研究等项目还连续获得了重点资助。此外，老年性痴呆、帕金森病、糖尿病、骨质疏松等衰老相关疾病研究也已纳入医学科技攻关的范畴。

衰老研究的新挑战

机遇总是与挑战并存。童坦君为在新世纪遇到衰老医学发展机遇欣喜之余，同时也在紧锣密鼓地开展相关工作，准备迎接随之而来的诸多挑战。

衰老研究本身的复杂性是最大的挑战。个体的老化源于其细胞的衰老，科学家们在研究细胞衰老分子机理的过程中逐步意识到，衰老是一个相当复杂的生物学过程，绝不是一个或几个基因能够独立调控完成的。其中，既有加速衰老的"衰老基因"，又有延缓衰老的"衰老抑制基因"，彼此相互协同、相互拮抗，形成错综复杂的调控网络。如何尽快阐明这个神秘的衰老调控网络是科学家们首先要面对的挑战。其次，个体的衰老速度也不完全由遗传因素决定，细胞的衰老进程还受到体液和激素等局部微环境的影响，同样受到疾病、情绪、伤害等外部环境和个体生活方式的影响。这些内部和外部的影响因素无疑进一步加大了衰老机理研究的难度。

除了衰老，凋亡和肿瘤是细胞另外两个重要的归宿，如何对三种细胞命运归宿的分子机理进行系统探索并进行有效干预以实现健康长寿的最终目标是必须面对的另一个挑战。童坦君从早期就从事肿瘤基础研究，对肿瘤和衰老两者的辩证统一深有见地。一方面，细胞的正常衰老可以有效阻止细胞向恶性转变的方向发展；另一方面，正常成纤维细胞可以被肿瘤诱导早衰并获得"衰老相关分泌表型（SASP）"，其分泌的细胞因子反过来加速肿瘤的进展。除了肿瘤，还必须将凋亡考虑进来，因为凋亡将会是生物医学研究的热点之一。细胞凋亡（Apoptosis）是一种由基因自主控制的程序性细胞死亡。衰老时，细胞是否易于凋亡、衰老相关基因和凋亡相关基因之间是否相互调节以及如何调节，搞清楚这些对于阐明细胞衰老的分子机制至关重要，而这部分内容恰恰是衰老研究中的薄弱环节。肿瘤、凋亡与衰老之间的辩证关系大大增加了衰老研究的复杂性。

衰老研究的最终目标是人类的健康长寿，因此不可避免地涉及不同研究对象的同源性、研究理论的适用性以及相关的伦理问题。模式生物（如酵母、线虫、果蝇等）具有寿命较短、基因组较小、易于操作等优点，研究结论对阐明人类基因功能有重要启示。国外研究发现，超氧化物歧化酶和过氧化氢酶转基因的果蝇平均寿命延长 1/3，最高寿限亦有所提高；然而，将超氧化物歧化酶基因转入小鼠，却发现不仅没有延年益寿，反而导致小鼠免疫力下降。由此，童坦君清醒地意识到模式生物毕竟与哺乳类有所不同，其中的研究成果难以真实地反映人类的衰老过程。真正的挑战在于如何在开展人类衰老研究过程中克服取材不易、研究周期长以及有关的伦理问题。1961 年，Hayflick 报道正常人成纤维细胞进行体外培养可传代数有限，在一定程度上可反映机体的衰老，不失为人类衰老实验模型中国际公认的最佳体系。童坦君的细胞衰老分子机理研究也正是以此理论为依据，利用人胚肺成纤维细胞体系（2BS 细胞）展开的。

衰老研究指导思想

自 1992 年完全转向衰老研究起，童坦君不仅密切关注世界衰老研究的新动向，同时凭借科研工作者的专业判断，及时总结国内在衰老研究中应该把握的原则和方向，并总结出在衰老的研究方面应该注意的几个问题。[1]

有所为　有所不为

童坦君认真总结前期的研究工作，认为目前衰老领域的基础性研究如果仍然追随国外进行跟踪性研究，只能争当国内第一，已无科学意义。衡量基础研究要看创新，衡量其在国际大环境中的科学价值，这一点已成共识。审视基础研究项目的为与不为，除项目本身的科学意义外，判定其是跟踪研究还是探索研究，应是更重要的判断依据。基础研究是科技力量的储备，是发展应用研究的源泉。只有重视和加强基础研究，才有可能在国际上取得领先地位。如果能够在从事基础研究的同时加强应用意识，就会加速基础研究成果转化为应用效益。

重视分析　不忘综合

研究分子和细胞的同时，不忘整体。生物体的衰老过程包含了整体衰老、器官衰老、细胞衰老乃至生物大分子的衰老，老年医学的发展离不开分子生物学与细胞生物学。分析与综合、分子与细胞、细胞与整体必须相辅相成，不可偏废。

分清热点与非热点

人类细胞衰老与细胞内染色体端区长度密切相关，端区已成为 20 世纪末以来生物学中最热门的研究领域。当时认为人类细胞的分裂潜力由细胞内染色体上端区的长度决定，端区缩短是引起人类细胞复制性衰老的重要原因。那么，造成这种现象的是所有端区，还是特定染色体的端区？人类体细胞为何失去端粒酶活性？端粒酶活性调控有哪些途径、哪些靶点？这些都是当时国际上尚待解决的问题，这些问题的解决可为延缓衰老提供策略和方案。但值得注意的是，端粒酶也有其局限性。

今日的非热点可能是明日的热点。避免一窝蜂趋向是克服科研投入浪费现象的要点之一。DNA（特别是线粒体 DNA）并不像原先设想的那样稳定，细胞衰老时，基因不稳定性增高，表现为线粒体 DNA 片段随增

---

① 童坦君主编：《中国医学院士文库：童坦君院士集》。北京：人民军医出版社，2014 年，第 469 页。

龄丢失，染色体断裂，DNA 重排、缺失、扩增和微卫星不稳定性增加等。DNA 甲基化程度、人类基因组中反转录转座子与基因不稳定性有关。近年来发现 DNA 损伤引起的突变随年龄增加，不仅与衰老进程有关，还与某些老年病相关。基因不稳定性增高可使基因或其调控受损。衰老时免疫功能下降及其机制、细胞衰老的信号转导与细胞间通讯研究也有可能成为新热点。

引介国外衰老理论

由于衰老的长期性和复杂性，目前尚无法给衰老下一个确切的定义。但毋庸置疑的是，人类探索衰老奥秘的历史几乎与人类文明史并驾齐驱，经历了漫长而崎岖的历程。童坦君非常重视中国传统医学中对生老病死的理解，也时刻关注国外的衰老研究历史和进展。在实验室的基础研究之外，童坦君对中医和西医的衰老理论进行了研究和总结，并希望借此为中国的衰老研究提供借鉴和新的启发。

中国传统医学对衰老的认识

北京西苑医院陈可冀院士对中国传统医学文献中有关衰老的描述进行归纳整理，并对中国传统医学在衰老研究方向的特色进行了系统总结。童坦君非常敬佩陈院士古为今用的观点。

中国传统医学对衰老机制的研究源远流长，相应的延年益寿药物众多，是中国传统医学宝库中的瑰宝。通过归纳历代医学典籍关于衰老机制的论述和记载，传统延年学说包括先天遗传说（即人的衰老进程和寿命长短取决于遗传基础）、后天摄养说（即人的衰老进程和寿命长短取决于后天摄养调理是否得当）、主虚说（包括五脏虚损说、肾虚衰老说、脾虚衰老说、精气神虚衰说）、主虚实说（包括多脏器虚损与气滞血瘀痰浊衰老说、气虚血淤衰老说、肾虚血淤衰老说）等。

人的生老病死的变化均与脏腑功能的强弱盛衰息息相关。五脏虚损不仅是衰老的生理特征，更是导致衰老的重要原因。脏腑虚损日久则因虚致实，导致痰、淤、湿、滞等病理产物滋生，以致虚实夹杂发生病变，加速衰老。因此，衰老乃是以虚为本、以实为标。而五脏之中又以脾肾两脏与衰老关系最为密切。其中，肾气的盛衰、肾精的盈亏与机体衰老的发生发展紧密相关，所以说肾虚是衰老的主因，肾虚衰老学说是传统延年学说的核心。

中医药延缓衰老的现代研究始自 20 世纪 70 年代末至 80 年代末。这一时期主要侧重于探讨肾与衰老的关系，从肾虚衰老时人和动物体内老化代谢产物增多、免疫功能降低、下丘脑－垂体－靶腺轴机能失调、内脏以及微量元素变化等角度做了较为深入的探索。延缓衰老方面的研究与应用基本上是以补肾、补脾和脾肾双补为主的三类方，其中多为古代名方以及古方加减或经验方，如清宫寿桃丸、至宝三鞭丸、阳宝、益龄精等。20 世纪 80 年代末以后，中国学者相继提出不少传统延年新观点，如气虚血淤衰老说相应的"衡法 2 号"（以黄芪、川芎、当归等组方）、益气养阴活血说相应的"寿星宝方"、补肾化瘀说相应的"六味丹坤方"等。这些新说都有一个共同特点，即认为血瘀、痰浊等"实证"也是导致衰老的重要原因，不可偏废，故而在延缓衰老的组方用药方面突破了中国传统医学只注重"补益脾肾""从虚立论"的延缓衰老的组方理论，进一步发展出"补虚祛实并用"的理法方药。

20 世纪 90 年代前西方衰老理论假说

对衰老特征比较公认的描述主要有五大特征：累积性，即衰老是一个由量变到质变、长期累积的过程；普遍性，即所有生物都存在着衰老过程；渐进性，即衰老是一个随着年龄增长而呈现出持续渐进的演变进程；内在性，即衰老与遗传紧密相关，如父母甚至祖父母的寿命长短基本上决定了一个人的寿限如何；危害性，即随着年龄的增长，衰老过程必然会使机体的各项功能加速减退、容易罹患各种老年病。

衰老（senescence）常常与老化（ageing）混为一谈，其实，两者并不完全相同。中文"衰"字是指"衰弱""衰退""衰败"等含义，与人类机体的功能状况相关；而"老"则是指"老年""老化"等内涵，显然与人类生命周期中的随着时间进程而必然产生的机能衰退，直至死亡的过程关联。在实际应用时，人们常常约定俗成，将两者混同使用，沿用至今。

20世纪50年代以后是衰老理论研究与抗衰老化学药物发展的盛世时期。童坦君充分阅读相关文献，在掌握了世界学者对衰老问题的研究成果之后，把国外学者的研究成果撰写成综述，介绍给国内学者。[①]

1951年，罗马尼亚内分泌学家、同时也是贝尔格莱德老年学专家和老年学研究院院长阿纳·阿斯兰（Ana Aslan，1897—1988）宣布，45岁以后人体内经常出现单胺氧化酶过剩现象，这将导致抑郁和其他疾病。阿纳·阿斯兰和她的研究团队经过多次临床和实验研究，成功研制出延缓老龄化进程的药品，命名为防老维生素H-3（Gerovital H-3）。该药物由普鲁卡因、抗氧化剂和防腐剂组成，前者可促进信息传递、恢复中枢神经系统机能，后两者可增强疗效、抑制单胺氧化酶活性，对治疗老年慢性退化疾病疗效较好。1955年，阿纳·阿斯兰同著名教授康斯坦丁·扬·巴洪（Constantin Ion Parhon）共同发表"奴佛卡因－富营养因素"的论文，并在德国卡尔斯鲁厄举办的医学大会及在瑞士巴塞尔举办的欧洲老年学研究大会上介绍罗马尼亚制作的防老维生素H-3。

经过30年的追踪观察，通过对十几万受试者的临床观察发现，有些老年人改善了部分衰老症状，但大部分未见肯定效果。医学界对该试剂争议很大，很多科学家对H-3持否定态度。

1956年，美国内布拉斯加大学医学院邓汉姆·哈尔曼（Denham Harman）教授提出自由基学说，即机体代谢过程中产生的不稳定自由基在细胞内堆积，形成高度活性分子碎片，干扰代谢而导致衰老。在动物饲料中加抗氧化剂，动物最大寿限虽未改变，但平均寿命可延长15%—30%。

---

① 童坦君，张宗玉：衰老机理与衰老学说——国内外衰老研究综述。《科技导报》，1999年第9期，第39-42页。

他建议用维生素 E 等抗氧化剂预防衰老，理由是维生素 E 等具有中和游离基的作用。

不久，美国学者戈尔茨坦（Goldstein）发现胸腺功能随增龄急剧下降，并与衰老呈平行关系。麦基诺丹（Takashi Makinodan）证实：老年小鼠的免疫力仅为年轻小鼠的 10%，老年大鼠的免疫力仅为年轻时的 1/4；某些本来不致病的细菌可使老年人患病，老年人患病后易迁延或呈慢性；老年人易患的糖尿病、药疹、癌症是由免疫功能减退造成的。与此同时，美国巴尔的摩医院医学家 Berhard Strehler 提出误差学说，也称差误学说，细胞遗传性损伤学说，即随年龄增长，人体细胞发生损伤性变化并出现结构上的改变，使合成出来的蛋白质发生偏差，导致基因编码错误、又错误结合，并不断积累，最终导致组织器官衰老。

1966 年，美国医学家海弗利克（L. Hayflick）提出生物钟学说（亦称寿命钟学说、遗传钟学说）：不同种类的动物细胞分裂次数不同，寿命就不同。例如，小鼠细胞分裂 12 次，寿命为 3 年；小鸡细胞分裂 25 次，寿命为 30 年；人类细胞分裂 50 次，寿命为 120 年。人的细胞两次分裂间隔为 2.4 年。因此认为，每个细胞核的染色体上有一只生物钟，控制着细胞分裂次数和周期，决定着动物和人的衰老死亡。哈佛大学的唐纳（Donner Denckla）则认为生物钟不在核内，在脑内。因为垂体定期释放一种激素（他称之为"DECO"，另一些科学家称之为"死亡激素"）抑制细胞利用甲状腺素，其结果是降低代谢能力；切除年老大鼠垂体，断绝 DECO 来源后，注射甲状腺素，发现大鼠免疫和心血管功能都可以恢复年轻活力。

1971 年，有人提出衰老色素说：细胞中脂褐素的堆积不仅与年龄有关，而且当缺乏蛋白质、缺乏维生素、缺氧和前列腺素注射时，均可增加细胞内脂褐素水平。脂褐素在细胞内不断蓄积且与日俱增，进而妨碍细胞发挥正常功能，引起衰老。

1973 年，泰博尔（Tappel）归纳了既有的衰老理论后指出，应从生化角度对衰老进行现代化的解释，即自由基的产生引起自由基的连锁反应，导致膜损伤及生物分子交联，其结果由于酶活性降低、核酸代谢差误、膜功能障碍、脂褐素堆积而引起细胞功能的整合性下降，最终导致机体的衰老和死亡。自由基学说逐渐成为被科学家认同最多的衰老理论。

1979 年，有人指出衰老可能是一种病态。科学家推测，如果衰老只是由于某些机制受到破坏，而不是由于细胞内遗传密码的错误堆积，那么衰老就和其他疾病一样可以治愈。然而，衰老是否可逆，目前尚无定论，但却激起了科学家更加深入、广泛研究。

1983 年，美国学者肖克（Schock）指出，衰老与疾病不是同义词，衰老是适应周围环境的应激能力呈进行性不可逆的减退。1984 年，又有学者指出，衰老本身不是疾病，而是一种生理过程，其特征为不稳定性增强、易损伤性、易受病理过程的侵害。

人类对衰老的概念、本质进行的探索工作从未间断。近些年来，有学者先后提出中枢神经系统衰退学说、基因关闭学说、消耗学说（包括生活速度学说、应激学说）、病理蓄积学说、细胞不死学说、灾害学说、遗传学说和染色体畸变学说等假说，相应的抗衰老化学药物（如前述的维生素 H–3、维生素 E、抗氧化剂等）也应运而生，并得到发展与应用。

20 世纪 90 年代后国外衰老研究进展

物种的寿命主要决定于遗传物质。子女的寿命常与双亲的寿命有关。有学者认为，衰老过程可能受特定基因控制。生物成年后，基因组内衰老基因开放，其表达产物或可特异地决定生物寿命。20 世纪 90 年代末，科学家在真菌、昆虫、哺乳类动物中已开始探索长寿基因的存在，并在几种生物中初步确定了影响衰老进程的特异基因。为了让中国学者了解世界衰老科学的进展和水平，童坦君做了大量的基础研究工作，他与张宗玉共同主编的《医学老年学：衰老与长寿》[1] 一书中就集中反映了国外同行在衰老研究方向的成果。

微生物的衰老研究

在真菌世界里，粗糙脉孢菌的分生孢子为复制后的分化细胞，虽然不

---

① 童坦君，张宗玉：《医学老年学：衰老与长寿》。北京：人民卫生出版社，1995 年。

能进行细胞分裂，但在一定条件下可存活。Munkres 选择了平均寿命不等的细胞作为研究对象，其中野生型（age⁻）平均寿命为 22 天，短寿突变种细胞（age⁻）平均寿命为 7 天。对 28 株短寿突变种细胞的基因突变位点分析表明，27 株突变发生在 7 条染色体中的一条染色体的一端，其 17 个基因中的 16 个集中在一起，统称为 age⁻ 复合子，其平均长度为 4.9±1.4kb；短寿突变种细胞在有光情况下才表现出短寿现象，这一现象提示其老化原因是由光化学反应生成的自由基介导的；向细胞培养基内加入抗氧化剂，如去甲二氢愈创木酸或维生素 E，可使短寿突变种细胞平均寿命在有光情况下接近野生型细胞。研究还发现，粗糙脉孢菌的抗氧化酶类，如超氧化物歧化酶（SOD）、过氧化氢酶（CAT）及谷胱甘肽过氧化物酶（GPX）的活性与粗糙脉孢菌的寿命高度相关；短寿突变种细胞还缺乏细胞色素 C 过氧化物酶（CPX）及抗坏血酸自由基还原酶（AFR）。由此可见，抗氧化酶类的缺乏可能是造成短寿突变种细胞短寿的分子基础，age⁻ 复合子可能起到调节抗氧化酶类合成的作用。Jagwinski 发现衰老的啤酒酵母不能表达一种在年轻细胞中活跃表达的 Lag-1 基因，如在衰老细胞中使该基因重新活跃表达，可使酵母寿命延长 1/3。可惜，该基因产物是什么、起何种作用，这些问题都还无法解释。

在昆虫寿命研究方面，1989 年，Shephered 报道果蝇衰老时其延长因子 eEF-1α 活性下降，如用 eEF-1α 基因转化果蝇生殖细胞，使其所含 eEF-1α 基因增多，可使培育所得的新品种比其他果蝇的寿命延长 40%。由于生长停滞蛋白与 eEF-1α 高度同源，而生长停滞蛋白可抑制生长，所以这也许是因为野生型 eEF-1α 对生长停滞蛋白具有竞争作用的缘故。寿命长的物种含有较多的超氧化物歧化酶，因而对氧自由基有较大的耐受性。

对于不同物种而言，同一个体不同组织细胞的衰老速率也有所不同。衰老并非由单一基因决定，而是一连串基因激活和阻抑及其通过各自产物相互作用的结果。DNA（特别是线粒体 DNA）并不像原先设想的那样稳定，包括基因在内的遗传物质可受内外环境特别是氧自由基等损伤因素的影响，因而在延缓衰老方面，人类仍大有可为。

蠕虫是一种多细胞的无脊椎动物。土壤中存在一种秀丽隐杆线虫

（Caenorhabditis elegans）[①]，简写为 C. elegans，是一种无毒无害、可以独立生存的线虫。C. elegans 属自交雌雄同体类，这一特性有利于获得纯合子突变种，且不致因近交引起衰退现象而影响寿命及其他生活史特征。1963 年，南非生物学家悉尼·布伦纳（Sydney Brenner）[②]指出：今后分子生物学的任务是深入探讨生命科学中的生物发育和神经系统的功能。在此背景下，悉尼·布伦纳着手寻找一种具有生活周期短、个体小且容易繁殖的后生动物。1963 年 10 月，悉尼·布伦纳获得了线虫 Bristol 品系，并对此开展研究。在早期的研究工作中，为了获得长寿 C.elegans 线虫，悉尼·布伦纳分离得到了一些营养突变体，并转而使用乙甲基磺酸盐处理线虫，筛选长寿突变种。

1990 年，Johnson 培育出了比普通 C.elegans 寿命长得多的种群，发现 age-1 突变会使这一种群比原种的平均寿命延长 70%。这种蠕虫含有丰富的超氧化物歧化酶和过氧化物酶，因而 age-1 基因显然与上述粗糙脉孢菌的 age⁻ 复合子相反，其基因产物的作用可能是抑制上述酶类的生成。因为自由基可能是引起衰老的一个重要因素。

哺乳类动物及人类的衰老研究

在高等生物细胞中，除线粒体外，还存在染色体外环状 DNA（extrachromosomal circular DNA，eccDNA）。eccDNA 与细菌质粒相似。eccDNA 在老年大鼠淋巴细胞中较多，老年鼠每一淋巴细胞约有 200 个 eccDNA，而年轻鼠仅有 100 个左右。随年龄的增加 eccDNA 环随之增大，8 周龄大鼠其 DNA 环的周长平均为 0.2 微米，而 109 周龄大鼠的 eccDNA 环周长为 4 微米。科学家认为 eccDNA 来自衰老过程中的染色体 DNA，但 eccDNA 对衰老进程有何影响尚待研究。研究显示，中华田鼠 X 染色体中含有一个或几个衰老基因，衰老基因的丢失或失活可引起细胞永生化。

在体外培养的人成纤维细胞中，1990 年 Ching 与 Wang 发现衰老细

[①]　秀丽隐杆线虫个体小，成体仅 1.5 毫米长，为雌雄同体，雄性个体仅占群体的 0.2%，可自体受精或双性生殖；在 20℃下平均生活史为 3.5 天，平均繁殖力为 300—350 个；但若与雄虫交配，可产生多达 1400 个以上的后代。

[②]　悉尼·布伦纳（Sydney Brenner，1927 — 2019），南非生物学家，2002 年诺贝尔生理学或医学奖获得者。

胞的细胞核中含有一种生长停滞蛋白，它可能以某种方式促使细胞从增殖状态进入非增殖状态，从而阻止 DNA 合成，进而阻止细胞由 G_1 期进入 S 期。两位研究者将衰老细胞中该蛋白质的 mRNA 提取出来并注入年轻细胞，发现年轻细胞合成 DNA 的能力受到明显抑制。进一步分析所克隆的生长停滞蛋白基因，发现其 DNA 序列与蛋白质合成延长因子 eEF-1α 相似。近来发现停止生长的年轻细胞中也表达这一蛋白质，所以可推测单一的生长停滞蛋白并不导致衰老。1990 年 Sugawara、1991 年 Klein 分别报道人类第一号染色体长臂及 X 染色体含有促进细胞衰老的基因。1992 年，Pereira-Smith 和 Smith 等人通过细胞融合实验证明至少有 4 个互补群（基因）与人类细胞的衰老有关。已发现人类第 4 号染色体可使永生化的海拉细胞（Hela cells）发生衰老。所以，是否存在衰老基因，这些基因的产物有何生物化学功能，衰老基因是否只是一些生长调控基因，这些问题需要科学家去一一解答。而童坦君选择衰老的研究方向，也充分显示出科学家的智慧与把握生命科学焦点问题的能力。

在有关哺乳类动物寿命的研究方面，已知限食可延长多种动物寿命。节食引起长寿的原因之一，可能在于其葡萄糖水平降低，因为过多的葡萄糖可引起大分子的非酶促葡萄糖基化。有报道称，给予小鼠褪黑素，可使小鼠寿命延长 20%。

衰老基因的新探索

对于生物体内是否存在专司衰老的"衰老基因"或控制寿命延长的"长寿基因"，科学家一直没有停止探索。20 世纪 90 年代以后，越来越多的研究表明长寿与代谢能力及应激能力增强有关。对真菌、昆虫、蠕虫等生物的研究表明，抗氧化酶类的缺乏可能是短寿的分子基础，氧化还原酶类活性随增龄而降低的现象亦较为常见，长寿种群常伴有丰富的超氧化物歧化酶和过氧化氢酶。加利福尼亚大学欧文分校罗斯（M.R.Rose）教授培育出了寿命几乎两倍于原种的果蝇，此种果蝇体内贮存的脂肪与糖原较大，含有活性很高的超氧化物歧化酶。综上可见，氧自由基似确有加速衰老的作用，消除氧自由基的酶类似有一定的延缓衰老作用。

20 世纪末，衰老机制的前沿研究逐渐进入基因时代。目前已在几种生物中初步确定影响衰老进程的特异基因，包括 age-1、延长因子 eEF-1α、Lag-1、Lac-1、daf-2、spe-26、gro-1 等 10 余种。

通过检索国内外文献，童坦君发现近年来在衰老领域中的分子水平研究中，研究较多的问题是遗传对寿命和衰老的作用。如采用显微注射法将衰老细胞 RNA 注入年轻细胞中，可使年轻细胞终止生长；通过细胞杂交技术，已经证明衰老细胞具有抑制因子而阻断细胞的增生；控制衰老的因子在人类 1 号染色体上，若是将 1 号染色体注入仓鼠细胞内，可引起细胞衰老。

衰老的细胞与分子机理研究

端粒酶对衰老进程的影响

要想延缓衰老甚至对抗衰老，必须弄清细胞衰老和个体衰老的原因和机制。人类的衰老是一个多层次、多系统、多阶段的复杂过程，涉及其机理的科学假说多达几十种，如基因调控学说、DNA 损伤学说、端区假说、自由基学说、免疫学说、神经内分泌学说、差错累积学说等。童坦君从事的细胞衰老分子机制研究旨在从基因和分子水平揭示细胞衰老的奥秘，这也是国际衰老研究领域的前沿和热点。[①]

端粒长度是人类体细胞的生物学年龄指征之一。1993 年，童坦君开始研究端粒和端粒酶，目的是揭示端粒酶与细胞衰老的关系。端粒是真核生物染色体末端的一种特殊结构，在人类染色体末端普遍存在端粒结构。端粒对染色体起保护作用，使染色体不易发生端间融合。当端粒缩短到一定程度，细胞不再分裂。端粒由端粒酶合成，它的存在使染色体末端得到完全复制。其中，正常体细胞几无端粒酶活性，肿瘤细胞常具端粒酶活性。

童坦君课题组发现，抑制乳腺癌细胞 MCF-7 的端粒酶不仅可诱发

---

① 2009 年，三位美国科学家布莱克布恩（Elizabeth Blackburn）、格瑞德（Carol Greider）和绍斯塔克（Jack Szostak）由于在端粒及端粒酶领域的突破性研究成果荣获诺贝尔生理学或医学奖。

图 4-2　1999 年 1 月，童坦君主持完成的"细胞衰老的分子机理"获教育部科技进步奖二等奖（童坦君提供）

MCF-7 细胞衰老倾向，且可提高其凋亡易感性，以此证明端粒酶对衰老进程有重要影响，并在肿瘤治疗方面有良好的应用前景。此外，课题组观察到中药黄芪分离出的一对同分异构体 HDTIC-1 与 HDTIC-2 似有轻微的端粒酶激活作用。为深入研究，课题组以公认有延缓细胞衰老作用的肌肽为阳性对照，以累计群体倍增次数、衰老相关 β-半乳糖苷酶阳性率、晚期糖基化终末产物（AGEs）水平、端粒长度等为指标，观察其抗衰效应。结果显示，两种 HDTIC 的延衰效应均优于肌肽，其中 HDTIC-1 的药效比 HDTIC-2 强 10 倍，可见同分异构体的结构细微差异对延缓衰老效应影响之大。1999 年，童坦君主持完成的"细胞衰老的分子机理"研究获教育部科技进步奖二等奖。

细胞衰老主导基因 p16 对衰老进程的调节作用及其机制

细胞衰老是生物衰老的基本单位。抑癌基因 p16 在细胞衰老和肿瘤发病中具有重要作用，它在衰老细胞中的表达水平比在年轻细胞中高 10—20 倍。2000 年，童坦君领导课题组开展"衰老的细胞与分子机理研究"。项目以国际公认的人二倍体成纤维细胞为模型。首先，课题组设计出构建其反义逆转录病毒表达载体，通过导入细胞抑制 p16 表达，发现推迟了细胞衰老的发生，使可传代数增加 15—20 代、细胞增殖能力提高、细胞周期 G1 期阻滞延迟、DNA 损伤修复能力增强，端粒缩短减慢。由此证明，p16 基因在细胞衰老中的重要作用，为延缓衰老研究提供了基因模型。进一步分析发现，抑制 p16 并非激活端粒酶，而是促进抑癌基因产物 Rb 蛋白的磷酸化；鉴于 Rb 蛋白可因磷酸化而失活，推断抑制 p16 的延缓衰老作用与端粒酶无关，而是与 Rb 蛋白失活有关。研究结果①② 发表后，美国得州大学、英国格拉斯哥大学等主动联系童坦君，希望合作继续相关研究。

与此同时，课题组还研究了细胞衰老时 p16 表达持续增强的原因，证明负调控机制减弱是 p16 在衰老过程中高表达的动因，发现 p16 基因新型调控元件和相关调节因子位于 p16 基因翻译起始信号 ATG 以远上游 −491——485bp 处，存在课题组命名为 ITSE 的负调控元件。年轻细胞存在 24kD 的负转录因子，可与 ITSE 结合，抑制表达，衰老时趋于消失。ITSE 及 24kD 蛋白均属新发现。为进一步检验 ITSE 是否确是负调控元件，课题组用缺失突变删除该元件，以观察 p16 表达状况。结果发现，p16 基因调控区在删除包括 ITSE 的区段后，启动活性反而增强，由此证明 ITSE 确实是负调控元件。

细胞衰老标志基因 α−2− 巨球蛋白基因的确定

细胞衰老时，基因表达谱出现剧烈变动，可是反映这种变动的生物学标志尚难见到。p16 虽然在细胞衰老时有表达增强的趋势，但课题组的研究表明，用其作为细胞衰老标志并不理想。由此，在人二倍体成纤维细胞衰老过程中，童坦君课题组检测了基因（>4000 个）表达的谱型变化，并选择 10 种衰老 / 年轻细胞基因表达的高差异基因作进一步筛选，用 Northern 印迹法及逆转录 PCR 检测代龄增加过程中出现的基因表达变化。最后，首次选定代龄与表达强度规律性很强的 α−2− 巨球蛋白基因作为细胞衰老标志基因。③

----

① Wei Wang, Junfeng Wu, Zongyu Zhang, et al. Characterization of Regulatory Elements on the Promoter Region of p16[INK4a] that Contribute to Overexpression of p16 in Senescent Fibroblasts. journal of biological chemistry, 2001, 276（52）: 48655–48661.

② Jianming Duan, Zongyu Zhang, Tanjun Tong. Senescence Delay of Human Diploid Fibroblast Induced by Anti−sense p16[INK4a] Expression. journal of biological chemistry, 2001, 276（51）: 48325–48331.

③ Hong Ma, Renzhong Li, Zongyu Zhang, et al. mRNA level of alpha−2−macroglobulin as an aging biomarker of human fibroblasts in culture. Experimental Gerontology, 2004, 39（3）: 415–421.

细胞衰老抑制基因 CSIG 功能的初步鉴定

课题组将克隆获得的衰老相关新基因命名为细胞衰老抑制基因（Cellular Senescence Inhibited Gene，CSIG）。基因位于人类染色体 16p13.3，含 9 个外显子，全长 1961 bp；阅读框 1473 bp，编码 490 个氨基酸的蛋白质，蛋白质产物位于细胞核内。CSIG 在人体多种重要组织中都有不同程度的表达，在骨骼肌表达尤高。

细胞转染表明，CSIG 可抑制 p16 表达，抑制细胞衰老并延长细胞寿限。

发现 p21^{WAF1} 基因保护细胞免于凋亡的新功能

将 p16 及 p21 cDNA 构成正、反义重组体，导入人二倍体成纤维细胞，结果发现：正义重组载体导入细胞可抑制凋亡，反义 p21 重组体导入细胞可加快凋亡。由于 p21 在衰老成纤维细胞中呈高表达，由此发现 p21 基因的新功能——保护衰老细胞免于凋亡。[1]

图 4-3　2011 年，由童坦君课题组完成的"细胞、器官衰老的分子机制研究与个体化衰老评价的建立及应用"获得北京市科技进步奖一等奖（童坦君提供）

图 4-4　2002 年，由童坦君课题组完成的"细胞衰老与基因功能状态相互关系的研究"获中华医学科技奖二等奖（童坦君提供）

---

[1]　Quanhui Zheng, Liwei Ma, Weiguo Zhu, et al. p21$^{WAF1/Cip1}$ plays a critical role in modulating senescence through changes of DNA methylation. Journal of Cellular Biochemistry, 2006, 98（5）: 1230−1248.

童坦君领导的课题组取得了丰硕的研究成果，在国内核心刊物发表论文 30 篇，SCI（E）收录论文 17 篇，累计影响因子超过 40。相关研究成果先后获 2011 年北京市科技进步奖一等奖、2002 年中华医学科技奖二等奖，并入选"2002 年度中国高等学校十大科技进展"和"2002 年中国十大科技进展新闻"。

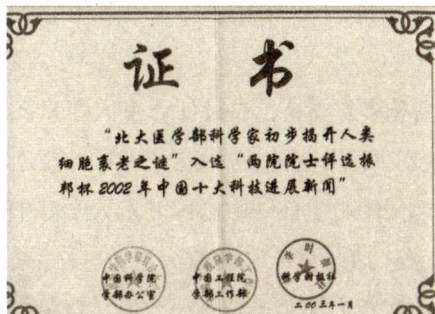

图 4-5 2003 年，童坦君课题组的研究成果因初步揭开人类细胞衰老之谜，入选"2002 年中国十大科技进展新闻"（童坦君提供）

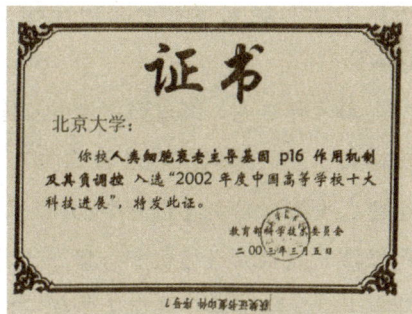

图 4-6 2003 年，由童坦君课题组完成的"人类细胞衰老主导基因 p16 作用机制及其负调控"被评为"2002 年度中国高等学校十大科技进展"（童坦君提供）

成立衰老研究机构

自 1992 年美国基础医学专家及临床专家科莱兹博士及高德曼博士共同创建抗衰老医学学科以来，以"疾病"为核心的传统临床医学体系被逐渐打破，临床医学的新兴模式即健康医学模式及体系得以建立。

1994 年经卫生部批准，北京医科大学老年医学研究中心成立。从时间上来看，北京医科大学的衰老研究机构几乎与国际衰老研究机构并行。

重组衰老研究中心

童坦君反思国内的衰老研究机构以及他领导的北京医科大学衰老研究

团队，认识到北京医科大学的衰老分子机理研究室处于人才断层的困局，中坚科研力量缺失；而国内其他各医学院校或医院的衰老研究机构也大多各自为战，这种布局非常不利于中国衰老医学的发展，更难与国际衰老医学机构竞争。为了整合不同机构、不同学科的研究资源，进一步拓宽衰老医学的研究范畴，童坦君开始重新构思衰老研究机构的格局，并与张宗玉携手向北京大学医学部领导和相关部门提出重新组建衰老研究中心的倡议。

2004 年 3 月，经过童坦君的不懈努力和多方支持，在时任北京大学常务副校长、北大医学部主任韩启德院士的支持下，北京大学衰老研究中心重新组建。改组后的衰老研究中心由童坦君担任中心主任，中心由北京大学基础医学院、北京大学生命科学院、北京大学人口研究所和北京大学第一医院、北京大学人民医院、北京大学第三医院、北京大学精神卫生研究所 7 家单位共同参与组建，力求通过基础医学、临床医学、社会科学等多学科交叉，共同探索人类衰老这一医学课题。

除了 7 家组成单位，童坦君还精心设计了 5 个不同研究方向的研究团

图 4-7　2004 年，北京大学衰老研究中心成立大会合影（前排左四为童坦君，前排右一为张宗玉，前排右四到右七分别为刘耕陶、郭应禄、陈可冀、王琳芳，童坦君提供）

队做支撑，分别是以童坦君为首的衰老分子机理研究团队；以北大医院郭应禄院士为首的老年泌尿系统研究团队；以人民医院糖尿病研究中心主任纪立农教授为首的研究团队；以北医三院党耕町教授为首的老年骨质疏松、老年骨关节病研究团队；以北京大学精神卫生研究所张岱教授、北京大学生命科学院陈建国和首都医科大学王晓民教授为首的老年神经系统退行性病变研究团队。

编写衰老医学著作

1995 年版《医学老年学：衰老与长寿》

随着社会的发展，人类平均寿命普遍延长，人口老化日益明显，社会老龄化已成世界瞩目的问题。1995 年，童坦君、张宗玉联合主编《医学老年学：衰老与长寿》。该书由童坦君、张宗玉夫妇会同 30 余位资深老年医学专家共同执笔，目的是为老年人的健康长寿贡献科学家智慧。

该书内容分为基础与临床两部分。基础理论部分阐述了国际上衰老遗传控制的新进展，显示了衰老分子机理研究在老年学研究尤其在老年基础研究中的重要性和必要性，使得本书成为系统引进国际分子生物学和细胞生物学理念和技术的代表性著作之一。临床研究方面强调了老年常见病的诊断治疗以及老年期的营养、护理和保健常识，对提高临床医护人员的

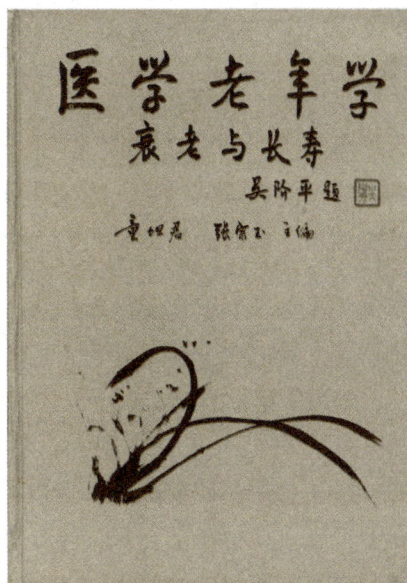

图 4-8 《医学老年学：衰老与长寿》
（第一版）（童坦君提供）

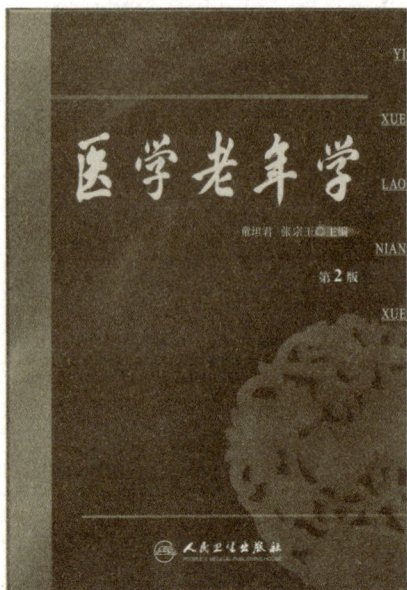

图 4-9　2006 年 12 月，《医学老年学》
（童坦君提供）

老年病临床认知具有重要意义。基础部分重理论，临床部分重实践，互相渗透，相互结合。

2006 年 12 月，在第一版《医学老年学》基础上，童坦君和张宗玉再次联合 30 余位衰老领域的专家对此书进行了修订补充。在基础理论方面，结合近代科学特别是分子生物学研究成就，在分子生物学与细胞生物学水平探讨了衰老机理。对所谓"衰老基因""长寿基因"进行了分析，同时考虑到近年来发现线粒体的氧化损伤，特别是自由基对线粒体 DNA 的损伤与衰老过程密切相关，该书对此亦作了详尽探讨。在老年病的防治、护理等方面为突出重点与要点，还对老年期合理用药、老年病及老年外科特点方面进行了概括性介绍。

可以说，《医学老年学：衰老与长寿》一书既追踪了国际老年医学研究的新进展，又总结了中国老年学研究领域的新成果，是中国衰老医学研究发展过程中一部里程碑性的学术专著。该书不仅成为高等医药院校师生及与老年医学有关的医护、卫生保健工作者及研究人员了解衰老科学进展的必读书目，同时也被北京大学医学部等医学院校选定为医学老年学的教材或教学参考书。

1999 年版《医学分子生物学》

分子生物学研究核酸和蛋白质等生物大分子的结构及其在遗传信息和细胞间信息传递中的作用，是从分子水平认识生命本质的一门新兴边缘学科。随着现代医学的发展，生物化学与分子生物学的理论和技术越来越多地被应用于疾病的诊断、治疗和预防，已成为医学生步入 21 世纪医学殿堂的必备条件，是现代医学的"催化剂"。[①]

随着科学的发展，生物化学与分子生物学的关系越来越紧密。例如，创刊于 1985 年的《生物化学杂志》秉承为生物化学的研究者提供学术交流平台，随着分子生物学的迅猛发展，1997 年该杂志更名为《中国生物化学与分子生物学报》。北京大学医学院的生物化学教研室也经历了类似的发展过程。自 1946 年创建以来，经过 70 余载的发展壮大，逐渐与分子生物学融为一体，并且发展为北京大学基础医学院的骨干力量之一。

生命科学的快速发展印证了童坦君首次出国学习的印象，"多学科交叉融合发展是生命科学必然的发展方向"。作为生命科学中的一门带头学科，分子生物学在国内高等医药院校中日渐受到重视。虽然当时国内一些高等医药院校为本科生、研究生纷纷开设了分子生物学有关课程，有些医学研究机构还开设了分子生物学相关讲座，但是当时适合中国现状的分子生物学教材为数尚少。看到医学院校的教师、科研人员与本科生、研究生对分子生物学知识的迫切需求，身为生物化学骨干教学力量的童坦君义不容辞地担当起编写医学分子生物学教材与参考书的重任。

当时北京医科大学生物化学与分子生物学系的主任是张迺衡教授，为了应对专业的分子生物学教材严重匮乏的状况，童坦君与张迺衡组织全国40 余位专家共同编写了 1999 年版《医学分子生物学》教科书。全书共 10篇 45 章。其中，第 1—4 篇主要介绍分子生物学基础知识，第 5—9 篇着重介绍分子生物学与医学的联系，第 10 篇介绍分子生物学技术原理与信息处理。

该书既着重讲解了分子生物学的基本知识，又强调基础理论与医学实践的联系；既有国际前沿进展，也有编写者的个人体会；是面向医药院校研究生、教师和科研工作者不可多得的专业参考书。该书出版后，凭借其系统全面的知识阐述和理论介绍，一举成为当时最受医学院校师生欢迎的教科书，被大家称为"分子生物学百科全书"。

——————————

① 马灵筠，席守民，杨五彪：生物化学与分子生物学在医学教育中的重要性及教育探索。《西北医学教育》，2010 年第 18 卷第 2 期，第 319-321 页。

第五章
衰老机制深入研究

衰老相关基因的功能探索

　　p16 最初是作为一种抑癌基因被发现的，后期的功能研究发现其在细胞衰老过程中发挥了举足轻重的调控作用，甚至可以被视为细胞衰老的主导基因。如前文所述，童坦君研究证实，细胞衰老时 p16 基因的表达水平升高并且能够加速细胞的衰老进程；p16 表达增强的原因是其负向调控机制减弱，即衰老时细胞中抑制 p16 表达的调节因子减少了，从而初步阐明了 p16 影响衰老进程的分子机制。

　　除了 p16，还有哪些细胞衰老相关基因？这些基因是否对 p16 有调控作用？又是如何调控的？为了解决这一系列谜团，进一步揭开 p16 表达调控的神秘面纱，同时探索寻找更多的衰老相关基因，童坦君踏上了新一轮的研究征程。2003 年 1 月、2007 年 1 月，童坦君主持开展的"细胞衰老主导基因 p16 上游基因 p24 的克隆"和"细胞衰老相关新基因的功能研究"分别获得国家自然科学基金资助。在研究中，他以人胚肺二倍体成纤维细胞（2BS 细胞）为模型，旨在找出 p16 表达调控因子和新的衰老相关基因，获取相应的蛋白质表达产物，并对其分子结构、生物学功能和作用机理进行系统研究。课题资助的连续性使童坦君顺利找到了包括 CSIG、RDL（Replicative Senescence Down-regulated Leo1-like）、TOM1、Id1 等在内的多个衰老相关新基因，为衰老分子机理研究的继续深入打开了突破口。

CSIG 基因延缓衰老的机理研究

细胞信号传导是指细胞通过细胞膜上或细胞内部的受体感受信息分子的刺激，经细胞内一系列分子组成的信号通路，将刺激信号传导至最终的效应分子，从而诱发相应细胞生物学功能的过程。p16/Rb、p53/p21 和 PTEN/p27 是启动细胞衰老进程的三条重要的信号传导途径，任何一条途径的激活都可以诱导细胞衰老的发生。童坦君团队的前期研究证实，细胞衰老抑制基因 CSIG(cellular senescence-inhibited gene) 的蛋白质产物定位在细胞核的核仁区域，具有延缓细胞衰老的作用。那么，CSIG 基因是通过上述哪条信号通路调控细胞衰老的呢？

为了回答这个科学问题，童坦君课题组的马利伟博士分别检测了在 CSIG 过表达和 CSIG 低表达两种情况下，2BS 细胞中 p16、p21、PTEN 和 p27 四种信号分子的表达变化情况。实验结果证实，CSIG 过表达可引起细胞内 PTEN 和 p27 表达水平下降；CSIG 低表达可引发 PTEN 和 p27 表达增强，但并不影响 p21 和 p16 的表达水平。由此初步推断 CSIG 通过 PTEN/p27 信号途径延缓细胞衰老，而与 p16/Rb 和 p53/p21 途径无关。那么，CSIG 是如何调控细胞内 PTEN/p27 信号途径的？对此，童坦君课题组又分别从 PTEN 的 mRNA 水平、翻译水平（翻译是在细胞的核糖体中，根据 DNA 转录生成的 mRNA 分子中核苷酸密码子序列，依次组装相应氨基酸以合成蛋白质分子的过程）及蛋白质稳定性方面进行探讨，发现 CSIG 不影响 PTEN 的 mRNA 水平，也不改变 PTEN 蛋白的降解速率，只是与 PTEN mRNA 的 5' 非翻译区结合，从而使其翻译水平下降，并最终降低了细胞内的 PTEN 蛋白质水平。与此同时，CSIG 可有效抑制 p27 基因表达，而在 PTEN 基因敲除的 293 细胞中，CSIG 对 p27 的表达抑制作用几乎消失。这个现象说明，CSIG 通过调控 p27 延缓细胞衰老的作用是依赖 PTEN 的，后者是 CSIG 延缓细胞衰老不可或缺的重要分子。基于上述研究，童坦君揭示了一种以 PTEN 为媒介、与翻译调控相关的调节细胞复制性衰老的新途径。

　　接下来，童坦君指导马利伟探讨了 CSIG 基因延缓细胞衰老与其蛋白分子结构域[1]的相关性，发现 CSIG 蛋白 N 端（也称氨基端，是蛋白质分子的起始端）有核糖体蛋白 L1p/L10e 部分保守结构域，C 端（也称羧基端，是蛋白质分子的终末端）有较长的赖氨酸富集区。那么，CSIG 能增强细胞增殖能力并延长其寿命，究竟是 CSIG 编码蛋白某个结构域的独特功能，还是必需整个蛋白质分子才能发挥此种作用呢？为了阐明这个问题，课题组在基因水平对 CSIG 进行了结构域缺失突变分析，并观察到野生型 CSIG[2]过表达能够显示出促进细胞增殖及延缓细胞衰老的能力，而 N 端核糖体 L1 结构域及 C 端核糖体 L1 结构域缺失突变体（相对野生型而言，缺失突变体是指经过人为删除的结构不完整的基因或蛋白质分子片段）过表达则不能抑制细胞衰老进程；不仅如此，单独的 C 端片段甚至显示出与延缓衰老相反的作用，即加速细胞衰老。这说明 CSIG 蛋白 C 端或 N 端删除均可削弱野生型 CSIG 蛋白的生物学功能，CSIG 蛋白的完整性对其发挥延缓细胞衰老作用至关重要。

RDL 基因的结构与功能

　　RDL 基因是与 CSIG 基因同期克隆出的衰老相关基因。RDL 基因全长 2170 个核苷酸，编码 666 个氨基酸残基。组织表达谱检测结果表明，RDL 在骨骼肌中的表达最强，其次是心脏和胎盘。RDL 蛋白的 C 端有核定位信号，推测其功能可能是新型转录因子[3]。增强型绿色荧光蛋白（EGFP）

---

[1]　结构域是生物大分子中具有特定功能的结构区域。

[2]　野生型是指基因或蛋白分子未经人为改造，具有天然结构和生物学活性的自然状态。

[3]　转录因子是指一类能与特定 DNA 序列结合并调控目标基因转录表达水平的蛋白质分子。

融合蛋白表达实验显示，RDL蛋白主要位于细胞核内，这种定位也非常符合其转录因子的功能推测。童坦君研究室发现年轻细胞的RDL表达水平高于衰老细胞，而且RDL基因对p16有负调控功能，可抑制p16表达、延缓细胞衰老。这是一个非常重要的发现。

RDL基因的蛋白质产物包含两个重要的保守结构域——AAA结构域和Leo1样结构域。其中，AAA结构域可能与ATP酶活性有关，Leo1样结构域是衰老相关结构域。令人意外的是，Leo1样结构域有强烈的促衰老作用，与整个分子的延缓细胞衰老作用截然相反。这种"蛋白质分子中含有与其自身功能相矛盾的结构域"的发现，无疑对日后的理论研究和实际应用具有重要意义。

其他衰老相关基因

TOM1（Target of Myb1）是一种溶酶体相关基因。与CSIG和RDL基因不同，TOM1基因在二倍体成纤维细胞中高表达，可抑制细胞生长，促进衰老表型的出现，缩短细胞寿限。童坦君研究室发现，TOM1可促进p16的表达，加速细胞衰老。

此外，童坦君科研团队还首次阐明了Id1抑制p16延缓细胞衰老的分子机制。Id1可与转录因子E47结合，阻遏后者对p16的激活作用，使细胞保持可增殖状态。在衰老细胞中，Id1表达下降，阻遏作用减弱，使E47转录因子的作用得以发挥，激活p16，从而使细胞进入衰老状态。该研究结果揭示了衰老时p16负调控机制减弱的另一原因，为国内外创新性发现，部分

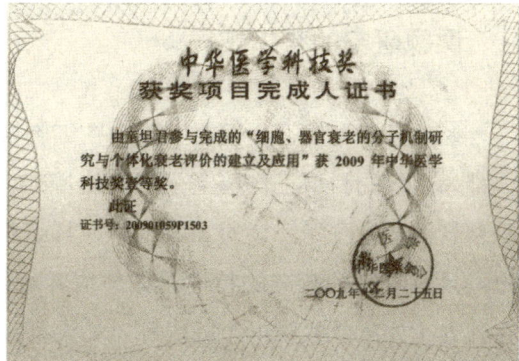

图5-1 2009年12月，童坦君等主持的"细胞、器官衰老的分子机制研究与个体化衰老评价的建立及应用"获得中华医学会颁发的中华医学科技奖一等奖（童坦君提供）

内容已发表于国际著名学术刊物 *J Biol Chem*（2004）。

　　童坦君课题组发现的其他衰老相关基因还包括可延缓细胞衰老的 LSH（lymphocyte-specific helicase）基因和可促进细胞衰老的 PPAR-γ 基因，它们均通过调控 p16 表达影响衰老进程，具体的分子机制也在童坦君的后续研究中逐一被阐明。

衰老机制的多层次研究

　　1999 年，童坦君在"973"项目"细胞重大生命活动的基础与应用研究"中负责子课题"衰老相关基因或基因群的克隆与功能研究"的部分科研任务。随着童坦君实验室科研队伍的壮大和学术实力的提升，其在"973"项目中担任的角色也逐步从"配角"变成了"主角"，从课题的参与者变成了课题的负责人。2007 年 1 月—2011 年 8 月，童坦君作为课题负责人承担了"973"项目"细胞复制性衰老的机制"，带领衰老研究中心的科研骨干从基因水平、转录调控水平和蛋白质水平三个层次对细胞衰老的分子机制展开了系统深入的研究。

课题研究的整体布局

　　经过多年探索，童坦君实验室在细胞模型、技术平台和人才培养等方面都为后续的科研工作奠定了坚实的基础。首先，童坦君课题组使用的细胞衰老模型是国际公认的 2BS 细胞，其组织来源是人胚肺二倍体成纤维细胞，具有复制性衰老的特性，体外培养可以传代到 55 代龄以上。与细胞在外界（如紫外线照射）或内部（如癌基因诱导）多种因素的刺激或诱导下发生的早衰不同，细胞复制性衰老是一种更能反映整个生命体老化过程的生理性衰老，对其机理的研究更具有理论意义和应用价值。其次，童坦君建立了一套用于评估细胞衰老和抗衰老药物筛选的定量指标，极具创新性和实用性，不仅得到了国际学术界的积极肯定和高度评价，而且在课题组的实际科研工作中发挥了支撑作用。再次，以童坦君为学术带头人的北京大学衰老研究中心尤其重视对衰老基础研究领域青年科研人才的培养，马利伟、韩丽敏等童坦君培养的博士研究生因学习优异而留校，已在国外进修的王文恭、张晓伟等也纷纷回国，加入童坦君领导的衰老研究中心，实验室的人员梯队不断壮大完善。

在前期多项国家自然科学基金的资助下，童坦君已经初步阐明了细胞衰老主导基因 p16 促进衰老的分子机制，并对部分衰老相关基因的功能及其对 p16 的调节作用进行了初步分析。此次承担的"973"项目对童坦君的衰老机理研究而言不仅是一项经费资助，同时也是一次学术挑战。在童坦君的带领下，课题组各级学术骨干经过周密的计划，准备从基因表达的不同层次对包括 p16 在内的衰老基因及其调控网络展开进一步探索。

从细胞核染色体上的基因序列到行使生物学功能的蛋白质分子，这一基因表达过程需要先后经历转录和翻译两个步骤。转录是以基因序列（DNA）为模板生成相应的 mRNA（信使 RNA）的过程；而蛋白质的生物合成则是以 mRNA 为模板，根据三联体密码规则合成相应氨基酸顺序的蛋白质产物。更为复杂的是，基因的表达在转录、转录后、翻译、翻译后等不同的水平和阶段均可能受到调控，参与的转录因子、调控的机理和模式以及最终的调控效果会因细胞的应激状态千差万别。针对细胞衰老过程中相关基因的调控机制，课题组确定从以下四个方向展开研究。

一是蛋白质水平的研究，旨在揭示衰老相关基因蛋白质产物的结构与功能。以细胞衰老抑制基因 CSIG 为核心，在既往研究成果的基础上拓展研究思路，探索其在衰老、凋亡等细胞生命过程中的生理功能和作用机制。

二是 mRNA 水平的研究，旨在阐明 RNA 降解机制在细胞衰老中的作用。mRNA 稳定性的生物学意义是国际学术界最活跃的研究领域之一。衰老研究中心的王文恭发现 RNA 结合蛋白 HuR 具有稳定 p21 等基因 mRNA 的作用，计划深入研究 HuR 对细胞衰老与细胞寿命的调节机制，了解 HuR 的其他靶标 mRNA、HuR 的上游调节分子以及其他分子对此种调节作用的影响，得到了童坦君的积极赞赏和大力支持。

三是转录调控水平的研究，旨在揭示关键性衰老相关基因的转录调控，主要研究内容包括：转录调节因子 HBP1 等对细胞衰老相关基因 p16 等的调控机理研究；衰老时，p16 与 p21 高表达与 CpG 岛甲基化程度的关系及其调控方式；转录因子 B-myb 与 p16 基因 ITSE 调控元件结合并影响 p16 表达和细胞衰老进程的机制等。

四是基因水平的研究，即整体衰老与细胞衰老分子连接点的研究。童坦君计划用人类细胞衰老模型对影响模式生物寿命及其衰老进程的基因（LSH、SIRT1、PPAR-γ 等）进行验证，包括观察其是否影响人类细胞寿命、作用机理及其与已知细胞衰老相关基因的关联。这一研究将使模式生物与人类细胞实验体系相互补充，弥补人类细胞实验体系非整体性的缺点，使所得结论更具权威性。

多层次探究细胞复制性衰老的机制

1. CSIG 基因功能的新探索

在前期工作中，马利伟证实了 CSIG 具有延缓细胞衰老的作用，而且还揭示了一种以 PTEN 为媒介、与翻译调控相关的调节细胞复制性衰老的新途径[1]。

在对 CSIG 基因功能的不断发掘中，童坦君发现 CSIG 不仅影响细胞衰老，同时还参与细胞凋亡过程。在细胞应激（紫外线照射）时，CSIG 蛋白与 p33 蛋白相互结合协同发挥作用，共同促进细胞凋亡，并证实了 CSIG 介导 p33 诱导细胞凋亡的信号传导通路。转录因子 E2F1 可结合 CSIG 基因启动子（启动子是基因序列中的调控区域，控制基因表达的开闭和强弱）激活 CSIG 的转录。细胞衰老时，E2F1 对 CSIG 的转录激活作用减弱是引起 CSIG 表达降低的因素之一。

2. p16 的转录后调控研究

基因转录生成的 mRNA 是蛋白质合成的模板，其稳定性在基因的转

---

① Liwei Ma, Na Chang, Shuzhen Guo, et al. CSIG Inhibits PTEN translation in replicative senescence. Molecular and Cellular Biology, 2008, 28（20）: 6290-6301.

录后调控中占据重要地位。某些 RNA 结合蛋白在调控 mRNA 稳定性方面起关键作用。王文恭在国际上曾率先开展 mRNA 稳定性与细胞衰老相互关系的研究，发现 RNA 结合蛋白 HuR 可与某些 mRNA 结合，增加它们的稳定性，调节细胞衰老。

课题组研究发现，HuR 与 AUF1（AU 碱基富集区 RNA 结合因子 1）以相互依赖的方式促进 p16 mRNA 的降解，该过程也涉及 RISC/Ago2（Ago2 是 RNA 诱导沉默复合体 RISC 的重要成分，可以调控小 RNA 诱导的基因沉默过程）以及 p16 3'UTR（3' 非翻译区）的二级结构。氧化应激条件下，AUF1 水平下降是氧化应激诱导 p16 表达的重要机制之一[①]。此外，HuR 的反馈调节是细胞衰老过程中 HuR 水平降低的重要机制。HuR 以 CRM1（染色体维持蛋白 1）依赖的方式促进自身 mRNA 从细胞核输出，从而促进自身 mRNA 的翻译。但在细胞衰老过程中，该调节通路被削弱，HuR 表达降低。

tRNA（转运 RNA）甲基转移酶 NSun2 催化 p16 3'UTR 甲基化 (A988)。甲基化修饰拮抗 HuR 与 AUF1 和 p16 3'UTR 结合，抑制 p16 mRNA 进入 p-body（细胞质处理小体），进而促使 p16 mRNA 稳定并上调其表达。该调控过程是氧化应激诱导 p16 表达的重要机制。

3. 衰老基因的转录水平调控研究

该部分研究任务是在童坦君的指导下，由毛泽斌与张晓伟共同完成的。首先，张晓伟成功揭示出转录因子 HBP1 对细胞衰老主导基因 p16 的调控作用。实验结果证实，HBP1 可以通过调控 p16 基因的转录来诱导细胞衰老，并且这种调控是直接的作用，即 HBP1 直接与 p16 基因的启动子区结合，促进 p16 的转录，从而诱导细胞衰老。

课题组还进一步阐明了转录因子 HBP1 的乙酰化对细胞衰老的调节。p16 是 HBP1 下游的重要的靶蛋白。通过免疫共沉淀和质谱分析，研究确定了 HBP1 的乙酰化位点，HBP1 可以和乙酰化转移酶 p300 结合并被乙酰

---

① Fang Xu, Xiaotian Zhang, Yutao Lei, et al. Loss of repression of HuR translation by miR-16 may be responsible for the elevation of HuR in human breast carcinoma. Journal of Cellular Biochemistry, 2010, 111（3）：727-734.

化，HBP1 乙酰化后与 p16 启动子区的结合增强，促进 p16 基因的转录，进而调控细胞的早衰过程。

课题组还成功揭示了 VDUP1（维生素 D3 上调蛋白 1）在衰老细胞中表达升高的意义及其表达调控机理。无论在 mRNA 还是蛋白水平，VDUP1 的表达在复制衰老、早衰和静止细胞中均升高。在衰老细胞中，转录因子 FoxO3a 活性升高与 VDUP1 表达升高有关。VDUP1 通过抑制 Cyclin A（细胞周期素 A）的表达来抑制衰老细胞的生长。在衰老细胞中，VDUP1 存在转录后调控，miRNA-17-5p（miRNA 即微小 RNA，是一类具有调控功能的小分子非编码 RNA）转录后调节 VDUP1 的表达，miRNA-17-5p 在衰老细胞中表达降低是 VDUP1 表达升高的重要原因。

此外，毛泽斌还在抑癌基因 Mig6 的衰老调节机制研究中获得重要突破——Mig6 无论在复制性衰老还是早衰细胞中均明显升高，而且在年轻细胞中过表达 Mig6 可诱导细胞早衰，从而提示 Mig6 是一个细胞衰老调节蛋白。分子机制研究显示，在衰老细胞中，转录因子 FOXO3a 调节 Mig6 的表达，由此在 Akt 通路和 Mig6 之间形成一个反馈调节网络。

4. 整体衰老与细胞衰老的分子连接点研究

作为"973"项目的负责人，童坦君不仅要对整个课题统筹设计、全面指导，同时还身体力行，亲自指导韩丽敏进行整体衰老与细胞衰老的分子连接点研究。该部分研究是将对酵母、线虫、果蝇、小鼠等模式生物寿命有影响的基因，在人类细胞模型中进一步验证其生物学功能并探索其分子机制。

细胞衰老是器官和个体衰老的基础，也是抑制肿瘤发生的机制。热量限制（Calorie Restriction，CR）在多种动物中都有延寿效果。SIRT1（一种脱乙酰基酶）是可模拟 CR 效应的蛋白质分子，一方面，可通过调节下游分子促进细胞增殖、抑制细胞凋亡，延缓细胞衰老、延长动物寿命；另一方面，由于 SIRT1 的抗凋亡效应，使其在肿瘤细胞的生长和发展中非常重要。因此，SIRT1 可能是一把双刃剑，需要强有力的调控以保证细胞稳态。当然，阐明其调控机制，不仅有助于揭示细胞衰老的分子机理，而且可为延缓衰老及临床肿瘤的诊断和预防提供实验依据。童坦君课题组正是瞄准这一关键领域展开了分子连接点研究。

童坦君的博士后黄菁等人在前期研究中已经证明，SIRT1 过表达可延缓人类细胞衰老，作为其分子机制的深入探索，韩丽敏在本课题的研究中首次发现过氧化物酶体增殖物激活受体 γ（PPAR-γ）参与了 SIRT1 基因的调控。PPAR-γ 是一种与脂肪细胞分化以及细胞增殖抑制有关的调节因子，童坦君等研究证明 PPAR-γ 可在转录水平抑制 SIRT1 表达，而且 PPAR-γ 和 SIRT1 均可与 SIRT1 的启动子结合；PPAR-γ 还可直接与 SIRT1 相互作用以抑制 SIRT1 活性，形成一种负反馈调节环路或自我调节环路；此外，PPAR-γ 的乙酰化水平随着细胞代龄的增加而增加，且 PPAR-γ 的乙酰化水平是通过 p300 进行乙酰化和 SIRT1 去乙酰化共同调控的。基于上述研究取得的科研成果"PPAR-γ-SirT1 负反馈环路对 SIRT1 的调节与衰老相关"[①] 属国际首次报道，创新性明显。

在其他分子连接点基因研究方面，童坦君同样获得了大量突破，尤其是发现很多基因都可以对 p16 或 p27 等衰老信号传导通路关键基因发挥调节作用。① myb 家族成员 B-myb 蛋白可与 p16 启动子上游位点结合，抑制 p16 的基因表达，细胞衰老时 B-myb 结合量减少，抑制作用减弱，导致 p16 表达增强。② 模式生物研究发现淋巴特异性解旋酶（Lymphoid Specific Helicase，LSH）可使小鼠早老短寿，首次证明 LSH 可延缓人类成纤维细胞衰老，并证实 LSH 通过组蛋白去乙酰化酶（HDAC1 及 HDAC2）抑制 p16 从而延缓细胞衰老。③童坦君等在国际上首次报道了 PPAR-γ 与细胞衰老的关系。研究发现 p16 启动子区域存在 PPAR 家族蛋白的结合位点，活化的 PPAR-γ 与之结合后，可增强 p16 表达，进而促进细胞衰老。④ 与上述基因调控 p16 信号通路不同，WWP1（一种参与蛋白降解的泛素连接酶）通过抑制 p27 信号通路延缓细胞衰老。WWP1 可通过自身的 WW 结构域与 p27 蛋白的 PY 模体相互作用，通过泛素介导的蛋白酶体依赖途径促进 p27 蛋白降解，该成果揭示了调控细胞衰老进程的一种新的分子模式。

---

① Han Limin, Zhou Rui, Niu Jing, et al. SIRT1 is regulated by a PPAR gamma-SIRT1 negative feedback loop associated with senescence. Nucleic Acids Research, 2010, 38（21）: 7458-7471.

成功开辟衰老基因调控新视野

童坦君主持的"973"项目"细胞复制性衰老的机制"实施周期将近五年，研究证实了 CSIG 基因不仅参与细胞衰老调控，还参与细胞凋亡，进一步印证了 CSIG 在细胞生命活动中的重要地位；NSun2 可促进 p16 基因 mRNA 的 3' 非翻译区甲基化，是影响 mRNA 稳定性的决定因素之一，为 p16 基因调控领域开拓了新方向。SIRT1 和 LSH 功能研究首次证明了模式生物延寿基因可以延缓人类细胞衰老，显示了分子连接点研究的重要意义。

课题相关成果累计发表研究论文 32 篇，其中 SCI 收录论文 26 篇，影响因子超过 7.0 的论文共 6 篇，累计影响因子达到 114.24。其中，科研成果"衰老的分子调控机制及个体化衰老评价的创建和应用"获 2010 年度国家科技进步奖二等奖；科研成果"细胞、器官衰老分子机制研究与个体化衰老评估的建立及应用"获 2009 年北京市科学技术奖一等奖、中华医学科学技术奖一等奖。

除了得到国内专家和同行们的充分肯定，童坦君此次"973"项目的很多研究成果均为国际首次报道，具有很强的原创性，受到了国际衰老研究领域的广泛关注，也进一步证明了国内衰老基础研究成果的国际影响力。

衰老机制研究的深入和拓展

从分子、细胞、器官乃至整体水平研究、阐明衰老的基本规律，减少并推迟老年病的发生，延长老年人健康寿命期、缩短带病寿命期，提高老年人生活质量，对构建健康老龄化社会具有不容忽视的意义。人体由组织和器官构成，而组织和器官的基本组成单位是细胞。细胞衰老既是个体衰老与器官衰老的基础，也是老年病发病的基础。所以研究细胞如何衰老，有助于了解组织、器官乃至人体的衰老过程。如果说童坦君在上一个"973"项目中实现了衰老机制研究从模式生物到人类细胞的跨越，那么2013年童坦君再次作为课题负责人承担的"973"项目"重要器官衰老过程中细胞衰老的分子网络"则着眼于如何将细胞衰老与器官和整体衰老联系起来，试图探索器官衰老以及老年病的发病原理和调节机制，为更好地预防和控制老年病提供科学依据。

CSIG 基因功能的深入发掘

多年来在细胞衰老机理研究方面科研经验的逐渐丰富、科研成果的不断积累、学术领域影响力的日益扩大，不仅使童坦君坚信自己能够在后续的科研工作中做出更多的贡献，同时也使其获得了科技部等国家科研管理部门对其学术水平和创新能力的高度认可和随之而来的课题资助。2013年1月，童坦君再次成功申请到"973"项目"重要器官衰老过程中细胞衰老的分子网络"相关课题。童坦君以衰老基础研究的实际应用为导向，继续加大衰老基因调控研究的广度和深度，宏观着眼、微观着手，使其科研工作得到了进一步的深入和拓展。

CSIG 基因是童坦君实验室自主克隆的衰老相关基因，前期研究显示其具有调控细胞周期、细胞衰老和细胞凋亡的作用，多样的生物学功能预示着其在细胞生命活动中举足轻重的地位。对 CSIG 基因功能继续深入发掘是新的"973"项目中的一项重要内容，经课题组大量实验结果证实，CSIG 基因还参与 rRNA（核糖体 RNA）加工、核仁应激信号传递等重要过程。在童坦君的指导下，博士研究生袁富文研究发现，核仁磷酸化蛋白 1(NOLC1) 可影响 rRNA 合成与核仁结构的完整性，进而调节细胞增殖及衰老进程。核仁蛋白 CSIG 通过调控 NOLC1，与 rRNA 合成－核糖体－蛋白质代谢等生命基本过程联系了起来，这是又一条重要的衰老调节途径。进一步研究还证实，NOLC1 与端粒重复序列结合因子 2（TRF2）相互作用，介导 TRF2 在人 293T 细胞和 HepG2 细胞的核仁和胞核之间的穿梭。TRF2 表达可以逆转 NOLC1 诱导的细胞周期阻滞和凋亡。

细胞水平揭示的衰老基因调控机制最终还是需要在整体水平的生理状态下进行验证。经动物整体水平检测发现，CSIG 在小鼠胚胎早期特异性表达于血细胞。随着成年小鼠的增龄，CSIG 在与衰老密切相关的心脏、骨骼肌及肝脏中的表达明显下降。目前，童坦君实验室正在利用 CSIG 基因敲除的小鼠研究 CSIG 对于器官衰老的影响及其分子机制，将进一步验证细胞分子水平的实验结果。

p16 远端增强子及其调控新机制

p16 是人类细胞衰老及整体衰老的中枢分子之一，在衰老的重要内脏器官均呈高表达。据国外相关研究报道，清除 p16 高表达的衰老细胞可延缓组织器官中衰老相关的病理变化[①]，因此，p16 的调控机制与老年病防治密切相关。童坦君课题组的李倩博士在研究中发现叉头框 FOX 转录因子家族成员之一——FOXA1 随细胞衰老表达水平升高，可促进 p16 的基因表达，从而加速细胞衰老。FOXA1 不仅作为 p16 的转录因子，调控其基因表达，还可干预 p16 启动子区染色质的构象变化。年轻细胞中，p16 启动子区存在紧密而排列规则的核小体（由 DNA 和组蛋白形成的染色质基本结构单位）；细胞衰老时，该段启动子出现"核小体空白区"。FOXA1 凭借其表观遗传"先导因子"的优势，在上述 p16 染色质构象动态变化中发挥重要作用，为其他转录因子的结合创造条件。

此外，童坦君的研究还表明多梳蛋白抑制复合体 2（Polycomb Repressive Complex2，PRC2）可抑制 FOXA1 表达，PRC2 与 FOXA1 以相互拮抗的方式共同参与 p16 调节。

---

① Baker DJ, Childs BG, Durik M, et al. Naturally occurring p16^INK4a^–positive cells shorten healthy lifespan. Nature, 2016, 530（7589）: 184–189; Baker DJ, Wijshake T, Tchkonia T, et al. Clearance of p16^INK4a^–positive senescent cells delays aging–associated disorders. Nature, 2011, 479（7372）: 232–236.

增强子是一段短的 DNA 序列，与转录因子结合后可显著增强基因的转录活性。增强子与被调控基因并没有固定的位置关系，从而为基因增强子在 DNA 双链上的定位设置了障碍。作为 p16 表达调控研究中的一项重要成果，童坦君课题组成功定位了 p16 的增强子元件（元件是具有一定功能的 DNA 序列），而且该元件含有与 2 型糖尿病密切相关的 SNP（单核苷酸多态）位点。而此前对 p16 表达调控中远端增强子的研究未见报道，因此，童坦君该项发现具有极强的创新性。2013 年 4 月 18 日，医学论坛报以"人类衰老相关主导基因研究有新发现"为题进行了报道，报道中指出"该研究为 p16^INK4a 的表观遗传学调控提供了新的线索和依据，并初步为单核苷酸多态性（SNP）相关的 2 型糖尿病的发生提出了新的分子机制，叉头框家族转录因子 A1（FOXA1）可能是治疗糖尿病的潜在分子靶点。"此外，相关论文还被综述文章 Current Aging Research in China 引用，以阐述细胞衰老的信号转导与表观调节，在国内外引起强烈反响。

衰老相关分泌表型研究

在有关衰老的众多学说中，慢性炎症学说是除端粒学说、DNA 损伤修复学说之外的重要学说之一，而衰老相关分泌表型（Senescence-associated secretory phenotype，SASP）和活性氧自由基（ROS）则是衰老慢性炎症学说的核心内容。SASP 是细胞衰老时分泌的促炎因子、趋化因子和蛋白酶等一系列细胞因子的总称，是衰老细胞的重要特征。这些因子可以通过局部渗透或体液循环影响周边或远隔部位的组织和器官，并引发其慢性炎症样衰老反应。就在 SASP 逐渐成为国际衰老研究主攻方向之际，童坦君敏锐地捕捉到这一重要的学术发展趋势，并及时将 SASP 相关研究列为其"973"项目的核心任务之一。

2014 年发表在美国科学院院刊 PNAS 上的 Protein kinase D1 is essential for Ras-induced senescence and tumor suppression by regulating senescence-associated inflammation（《蛋白激酶 D1 通过调节衰老相关炎症在癌基因 Ras

诱导的细胞衰老和肿瘤抑制中起重要作用》[①]的一文是童坦君课题组 SASP 研究的代表性成果之一。该论文首次揭示了细胞衰老分泌表型（SASP）与活性氧自由基（ROS）信号通路之间的关联，证明 SASP 是 ROS 信号通路新的下游靶点，拓展了对 ROS 信号通路作用的认识；而且首次报道了 PKD1 通过 ROS-PKC-PKD1 信号途径调控转录因子 NF-κB 的活性，在 mRNA 水平上调控 SASP 的重要组分 IL-6（白细胞介素 -6）与 IL-8（白细胞介素 -8）的表达，从而在 Ras 诱导的细胞衰老中起重要作用。众所周知，细胞衰老是生物体的一种重要抗肿瘤机制，研究发现在癌基因 Ras 激活的情况下，PKD1 通过介导 Ras 诱导的细胞衰老可能具有抑制肿瘤形成的作用。童坦君团队的这一重要研究成果提示，SASP 可能是老年机体出现低水平、慢性炎症的重要原因，对阐明衰老相关炎症调控机理具有重要意义，可望为预防和治疗衰老相关疾病提供新依据和新靶点。

此外，童坦君团队在 SIRT1 转录后调控在 SASP 调节和细胞衰老中的作用研究取得突破。研究发现 RNA 结合蛋白 hnRNP A1 在转录后水平调控 SIRT1 mRNA 的稳定性，从而调控细胞衰老进程中 NF-κB 的活性及 SASP 的产生。hnRNP A1 能够直接结合 SIRT1 mRNA 的 3' UTR（3' 非翻译区），稳定此 mRNA，并促进 SIRT1 的表达，进而延缓细胞衰老。同时，hnRNP A1 以 SIRT1 依赖的方式抑制 NF-κB 的乙酰化水平及其活性，减弱了其下游靶基因 IL-6 和 IL-8 的表达水平，进而抑制 SASP。该研究成功揭示了 hnRNP A1-SIRT1-NF-κB 信号通路在调节细胞衰老和 SASP 表达中的关键作用。

衰老研究中心十年间硕果累累

衰老研究中心自成立以来，多次组织各科研院所进行学术探讨和技术

---

① Wang P, Han L, Shen H, et al. Protein kinase D1 is essential for Ras-induced senescence and tumor suppression by regulating senescence-associated inflammation. PNAS, 2014, 111（21）: 7683-7688.

图 5-2　2004 年，北京大学衰老研究中心邀请美国专家（前排左五）讲座（前排左四为童坦君，童坦君提供）

交流，大大加速了我国老年基础医学研究队伍的成长壮大。

童坦君不仅亲自领导北京大学衰老研究中心的工作，还热心支持我国其他院校开展衰老研究。2014 年，广州中山大学抗衰老研究中心成立，该中心以中山大学生命科学学院为主体，借鉴北京大学衰老研究中心的经验，集合中山大学抗衰老研究的主要力量，从基础研究、临床转化、应用研究、人文社科研究等方面建立多角度、立体的衰老研究机构。目前，中山大学抗衰老研究中心确立了衰老模型和衰老分子机制研究、衰老相关疾病的临床与基础研究、抗衰老活性物质的筛选和抗衰老产品研发等主要研究方向，已在端粒、端粒酶、DNA 损伤等信号通路、干细胞的自我更新和分化、抗衰老药物开发等多个方面取得许多重要科研成果。

2015 年 5 月 29 日，北京大学基础医学院生化楼 3 层会议室，北京大学衰老研究中心成立十周年暨学术研讨会在这里举行。十年学术研讨会犹如一个"家宴"，简单、朴实，体现了童坦君低调做事的性格。研讨会没有邀请大领导，最大的"官"是北京大学医学部科研处副处长樊建军，还有基础医学院主管科研副院长张毓教授。另有杨泽、刘磊两位教授作为特邀嘉宾做学术演讲。余下的参会者多是中心的研究人员和学生。整个会议庆祝的成

图5-3　2015年5月29日，童坦君在北京大学衰老研究中心十周年研讨会上做学术报告（童坦君提供）

图5-4　北京大学衰老研究中心成立十周年暨学术研讨会日程（童坦君提供）

分不多，主要是学术分享。既有大专家带来的高水平报告，也有博士生崭露头角。从发言安排上可以看出童坦君的用心，他希望为北京大学衰老研究中心的青年师生提供展露风采的舞台，同时也要充分展示北京大学衰老研究中心取得的成绩。

从童坦君和张宗玉为大家提供的"生日大餐"中，与会者也看到了衰老研究中心在10年奋斗前行的道路上，取得的令人羡慕的科研成果。

2004—2014年，童坦君领导的衰老分子机理研究团队共培养博士毕业生30人、硕士毕业生 19 人、博士后 4 人，在读博士生、硕士生 33 人；共发表科研论文 90 篇，其中中文论文 28 篇，SCI 收录 62 篇。在科研基金申请方面，获得各类经费总计 3885 万元，其中，国家自然科学基金委重点项目 3 项、国际合作项目 1 项、面上项目及青年基金 29 项，科技部"973"项目 5 项、医学部"211""985"项目共 2 项。

编写《生物化学》教材

2003 年，童坦君迎来了自己的 80 岁生日。虽然已是耄耋老人，但是他丝毫没有懈怠。为了提高学生们学习生物化学的能力和水平，童坦君认为该适时编写一部跨世纪的生物学教科书了。在童坦君的心中，北京大学医学部是一个培养精英的地方，他希望通过自己主编的教材，能够鼓舞学生们的士气，并吸引更多的人投身生物化学的科学研究，在生物化学领域的卓越贡献者中涌现出更多的中国学者。

> 随着时代的进步，国际上科学领域的交流与碰撞日益增多，各个国家之间的竞争也愈演愈烈。放眼国际，许多学者都为推动生物化学发展做出了贡献，但鲜有中国人的贡献。中国"万般皆下品，唯有读书高"的文化传统使得许多读书人缺乏实干，不注重动手能力的培养，也就造成了中国在科技领域落后于有些国家。[1]

在张昌颖教授主编的《生物化学》教材基础上，童坦君做了进一步的更新、充实和完善，形成了 2003 年版《生物化学》。

"立足国内，走向世界"是 2003 年版教材的编写宗旨。2003 年版教材首要特点是内容更新，不仅让医学生学好生物化学，也要为他们学习其他医学课程打下良好基础，而且要跟上时代、与国际接轨。以适应面向 21 世纪医师和科研人员的专业需求。

---

[1]　童坦君访谈，2018 年 3 月 22 日，北京。资料存于采集工程数据库。

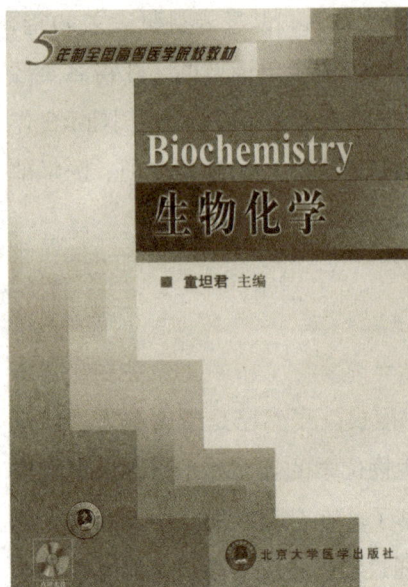

图 5-5　2003 年版《生物化学》封面
（童坦君提供）

同时增加了新的学科内容以及不同学科与生物化学的融合与交叉，如卫生法学、卫生经济学、心理学等。

在编写形式上，2003 年版教材也做出了大胆的改革。采用大、小字体。大字部分为必须掌握的基本内容，文字简明扼要，便于理解和熟记；小字部分属选学内容，包括新进展、新技术及生物化学与临床医学之间的联系。

为了吸引本科生对于生物化学学科的热爱，童坦君在教材的最后部分增加了向学生推荐的课外读物与专业刊物这一内容并增加了医学生物化学大事记与分子生物学大事记两个附录。在中国同类的医学教材中，这是罕有的创举。

2001 年中国加入世贸组织，普及双语教育是当务之急。为了跟上时代脚步，童坦君在 2003 年版教材中作了初步尝试，除在教材中使用大量英文词汇外，书后还附有光盘，光盘中有英文词汇、英文名词解释和英文摘要，由外籍教员朗读，便于学生听、读，自学生物化学专业英语。教材末附有汉英索引，以便于学生检索。

如此多的创新和改革之处，使 2003 年版《生物化学》这部高水平的教材在同类教科书中脱颖而出，而以此教材为基础的生物化学课程也被评为北京市精品课程，并被批准为首批国家级精品课程。在这些荣誉中，童坦君功不可没。

生物化学与分子生物学是生物科学领域中发展快速的学科，三四年就要对教材内容进行更新。作为 2003 年版《生物化学》教材的主编，为出版 2009 年版《生物化学》，童坦君作了大量的前期准备工作，对国际上生物化学领域的发展现状进行了充分调查。

2009 年版《生物化学》在整体结构上分为生物大分子的结构与功能、

代谢及其调节、分子生物学基础和专题篇四篇。另外，在章节安排上进行了较大幅度的更新，将一些内容从原章节中分离出来独立成章，也有一些章节内容相互合并。例如，将"细胞信息传递"从"物质代谢的相互联系与调节"中分离出来，独立成"细胞信号传导"一章。

2009 年版教材在内容上也做了一些更新。例如，在蛋白质化学内容中增加了按家族分类；酶学内容中增加了酶学知识在临床上的应用；脂代谢一章中增加了脂肪酸源激素一节，补充了脂肪组织和细胞的内分泌和免疫功能，对血脂参考值和治疗的生化机制补充了一些新进展等。根据全国科学技术名词审定委员会新修订的《生物化学与分子生物学名词》，教材对生化名词上做了统一修改。例如，用"逆转录酶"而不是"反转录酶"等。

2009 年版《生物化学》引起了我国台湾地区出版社的关注，相关出版社屡次询问童坦君可否在台湾出版这本教材。童坦君认为：

曾经在台湾学者眼中，大陆生物化学领域的科学研究落后，一般都是大陆学者去台湾进修。而现在大陆的生物化学研究有了很大进展，通过这

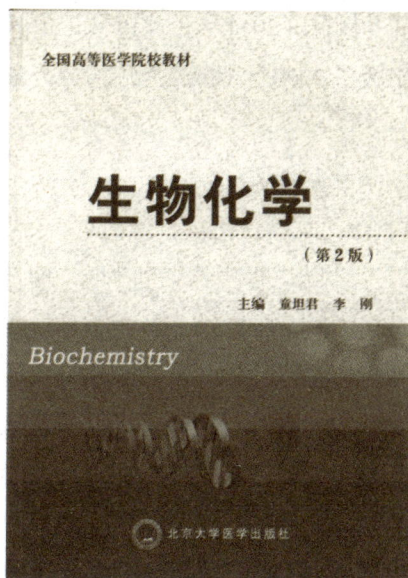

图 5-6 《生物化学》（第 2 版）封面
（童坦君提供）

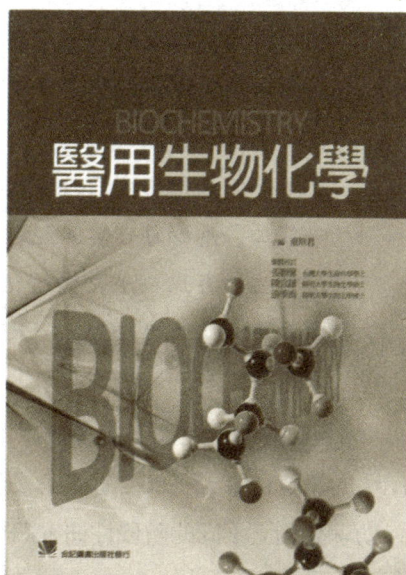

图 5-7 《医用生物化学》封面（童坦君提供）

本教材，能够让台湾了解到大陆在生物化学方面的现状与取得的进步。[①]

因此，2011年台北市合记出版社用繁体字以《医用生物化学》[②]为书名出版了2009年版《生物化学》，童坦君没有收取台湾出版社任何费用。

实验室建设

实验室是科学家的阵地，像童坦君这样从事基础科学研究的科学家更是离不开实验室这一科学重地。实验室本身是自成体系的复杂系统，其正常运转是保障科学家团队做好科研工作的重要基础条件。经过多年的摸索和积累，童坦君实验室形成了比较成熟的管理规范，每一位新进入实验室的学生或工作人员都会在开展实验研究前得到童坦君和实验室管理员的具体指导，目的是使团队成员能够较快地熟悉实验室的工作方法，并在实践中逐渐形成良好的工作习惯，最终融入整个团队的工作。

责任明确　重视管理

多年的实验室研究工作使童坦君清楚地认识到，团队研究必须分工有序，实验室管理必须制度完备。从培养学生科研能力的目标出发，童坦君将研究生的日常工作主要分为三个部分：

第一，进行实验设计和实验操作，培养良好的实验习惯。

第二，总结每日实验经过，做好实验记录，分析实验结果。

第三，每周一上交实验记录本，由童坦君亲自审阅监督、统一管理研究生的实验进度。

童坦君善于思考是出了名的，他几乎每时每刻都在思考问题。他是整个团队的灵魂，每天不仅要想实验设计、实验目的，还要结合学生的不同特点帮助学生确立不同的阶段性研究目标。此外，他还要思考如何管理团队、整

---

① 童坦君访谈，2018年3月22日，北京。资料存于采集工程数据库。
② 童坦君：《医用生物化学》。台北：合记出版社，2011年。

合团队力量，以做出世界一流的科研成果。在后者中，张宗玉成为不可或缺的角色，特别是在退休后，她全身心参与童坦君的科研工作中，自觉地把精力投入实验室管理和学生管理上。张宗玉教授与童坦君的工作风格虽然有所不同，但是殊途同归，都是本着高度的责任心来关心同事和学生。

图 5-8　2001 年 6 月，童坦君（前排左二）、张宗玉（前排左一）夫妇与课题组部分成员在实验室合影

（童坦君提供）

科研记录　管理规范

童坦君是个工作认真、科研严谨的人。只要加入他的团队，无论你是硕士生还是博士生，是硕士生导师还是博士生导师、是本校教师还是校外进修教师，童坦君都会一视同仁。相比之下，童坦君对研究生的要求则会更加严格。虽然已经是研究生了，但是在他看来，每个学生的科研训练都要从零开始，因此他要求每个研究生都要像小学生一样，必备一个专门的科研记录本。这个科研记录本相当于研究生的作业本，唯一与小学生不同的地方是童坦君并不是每天都给学生们留作业，而是要求学生们每天自觉地给自己留作业、并自觉地做作业、自觉地记录作业中发现的问题，不得修改。

童坦君对团队成员（包括研究生）进入实验室提出的首个要求就是做好实验室的科研记录。科研记录本不是某个人、某位同学的私人物品，而是童坦君团队的科研工作的历史见证，是要留给后人参考使用的，科研记录本上的基本信息保留得越完整，越有利于后来者了解前人的工作情况。虽然对科研记录本的选择没有统一要求，但是在记录本的扉页通常要求记录姓名、学号、专业、攻读学位、研究方向、导师姓名、联系方式、启用日期、结束日期等基本信息，而且对记录原则做出了详细规定。①

---

①　童坦君实验室管理要求。资料存于采集工程数据库。

1. 研究生要认真记录、妥善保管，保持记录本干净整洁，科研记录本不得遗失，不得拆散或撕毁。

2. 研究生在开始记录实验时，必须先标注页码，预留第1—2页供编排目录使用，正式记录从第3页以后开始。

3. 按照时间顺序记录科研工作，如果同时进行其他方面的科研实验，应该另起一页重新开始记录，并预留足够的记录页数，同时需在目录页中标明。

4. 记录格式需符合学术规范，以求统一。

5. 凡实验工作中的方法、现象、数据、计算结果、调研资料以及图表等均须如实记录和附入。原始记录必须清晰真实。严格禁止将原始数据记录在零散的纸张上。

6. 科研记录本必须用钢笔书写，不得使用圆珠笔记录。实验记录的字迹清晰，所有记录内容不得涂改、刮掉或贴补。

7. 研究生在结束实验或因故中断实验或毕业离校的情况下，不得带走科研记录本。

8. 此科研记录本最后应由导师或课题负责人简述意见，交由实验室科研秘书统一保管。

作为一名严谨的科学家，童坦君对科研记录本必须记录的科研内容提出具体要求，包括实验日期、实验目的、实验方法（注明试剂和文献）、实验结果、讨论共5个部分。特别在讨论部分，童坦君要求分别回答如下问题：第一，通过实验解决了什么问题？第二，通过实验发现了什么新问题？第三，如何设计下一步实验，解决新发现的问题？正是通过这样循循善诱的教诲、数十年如一日的科研管理，童坦君培养出许多优秀的研究生，带出了一支科研能力过硬的科研团队。

学术引导 监督改进

童坦君非常重视真实的科研过程，虽然不给学生们留作业，但他要求学生每周都要提交科研记录本，并及时批阅，对试验中的不足，他严厉批评；对暴露出的问题，他提出适宜建议；对取得的进展，他及时肯定鼓励。通过检查每一个学生的科研记录本，童坦君不仅直接了解研究生个人的工作情况，而且间接了解整个实验团队近期工作计划的完成情况，以便及时进行指导并督促工作进度。

赵干业是北京大学医学部 2010 级硕

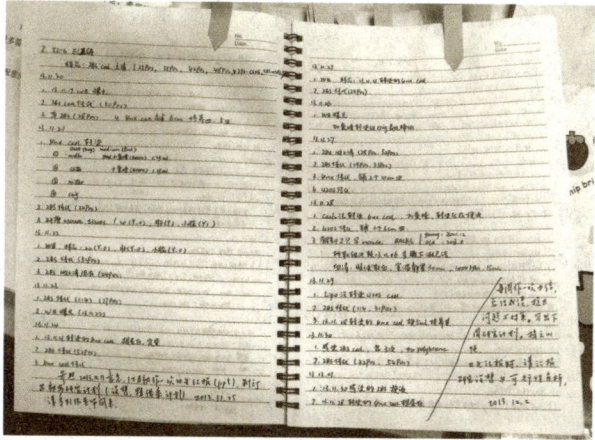

图 5-9　2013 年 11—12 月，童坦君批阅的学生作业（2017 年采集小组刘赫铮拍摄）

博连读生。初来童坦君实验室的时候，赵干业虽然按照要求如实写下实验记录，但他常常是大笔一挥，写得很随意。童坦君意识到赵干业存在的问题。2012 年 10 月 21 日，赵干业得到童坦君的第一次作业评阅意见，"注意实验结果的分析，记录要规范。"

10 月 22—27 日，接近一周的时间过去了，实验进展不是很顺利。在 10 月 25 日的记录中，赵干业草草画了一张实验计划路线图。2012 年 10 月 29 日，童坦君第二次批阅道，"记录欠规范，原定一周内发来下半学期计划，是否已完成？请用 E-MAIL 发来。"

面对童坦君的批阅意见，赵干业既感受到羞愧，也感受到导师的语重心长。虽然童坦君没有当面批评他，但是记录本上留下的字里行间透露出他对学生的期待。此后，赵干业的实验记录果然认真了许多，逐行书写，遇到问题时，也学会逻辑清晰地按照 1、2、3 描述所遇到的问题。但是 2012 年 11 月 12 日的评语依然是"记录过于潦草，请定时小结，修订计划。"导师的评阅意见再次提醒了赵干业，于是在接下来的工作中，赵干业不仅注意书写认真规范，而且注意随时分析实验现象的可能原因。如在 2012 年 11 月 13 日的实验记录中，他写道：

今 10:00 给 2BS（12 孔）换无血清刺激，明早 6:00 加 RAPA；0.8%

的 NAORI 曝光 3 分钟太强，可能将膜蛋白洗掉了吧？依然未曝光，以后 0.8% 的 NAORI 曝光 1 分钟，MARKER 颜色变淡即可。

2012 年 11 月 19 日，赵干业看到童坦君在记录本上的留言，"请复习 2012 年 11 月 12 日意见，改善实验记录，请找我面谈一次。"这次面谈对赵干业的促进作用很大，他的实验记录与最初的记录相比简直完全出自两人之手。自此以后，童坦君对赵干业的作业批复再也不提字迹潦草的事情了，而是更看重实验内容。2012 年 12 月 10 日，童坦君批阅"将 SIRT6 与自噬的关系总结一下，做好 PPT，这一二天汇报一次，着重在前景探讨。"一周后，童坦君再次留下批阅意见，"期末将至，一定要有所决断，后一半时间投入哪个方向，根据实验结果做出全面考虑。期末做一些总结汇报，尽早准备。"童坦君留下的作业批语使赵干业对自己越来越有信心，对未来的实验规划也越来越清晰。

2012 年平安夜，童坦君批阅道，"每周末做一个下一周的工作计划，分配好时间，请将 SIRT6 与自噬相关工作分别规划好，与韩丽敏老师和张老师沟通好。下周交本时，希望能够看到你的具体方案。"对于校园里的学生来说，元旦、平安夜和圣诞节都是非常重要的节日，通常都会约上自己最要好的几位朋友一起放松庆祝一下，赵干业也想这样。但看见导师都在不分节假日地工作，赵干业着实不敢放松手中的实验，所以在别人都沉浸在圣诞节和元旦的节日气氛时，赵干业依然坚守实验，随时在科研记录本中记录他的工作计划：

（2013 年 1 月 7—14 日）

1. 加入去乙酰化酶抑制剂后检测 p27 半衰期变化；

2. 检测乙酰化 p27 的半衰期；

3. 检测乙酰化状态下 p27 的泛素化水平；

4. 着手构建 p27 的缺失体，p27 与 SIRT6 相互作用的具体位置。

两周后，2013 年 1 月 7 日，童坦君针对赵干业的上述计划及时给出意见，"准备期终汇报，包括学期计划、完成状况、主要进展、计划变动原因、存在的问题与对策、假期安排与今后计划。"虽然没有得到童坦君的表扬，但是已经获得了导师的基本肯定。

就这样，在这种潜移默化科研训练过程中，赵干业除了在实验上有进步，科研思路也越发清晰，科研态度也越来越严谨。2013年3月11日，赵干业终于迎来了童坦君的第一次表扬，"实验记录有小结，有计划，有进步，记录比较规范，请坚持这样！"但他不敢有丝毫的马虎和懈怠，在随后的实验工作中，赵干业更加刻苦努力，不仅字迹工整、数字规范，连每句话的描述都十分注意语法和用词。经历了一年半的科研训练，赵干业终于理解了童坦君的良苦用心。学术一定要诚实严谨，因为学术需要传承，当下所有的实验记录都是要给以后的小师弟、小师妹留下继续研究的空间和基础，因此实验记录必须准确、严密而清晰。

此外，童坦君非常注意培养学生做实验小结和阶段性实验计划的科研习惯，这在赵干业身上也得到了集中体现。

2013年3月17日，赵干业在实验小结中写道：

1. CO-IP 结果仍然不是特别理想，考虑直接用 p27 作抗体；

2. 诱导纯化 GST-SIRT6 及 GST，作 SIRT6 体外 SUMO 化；

3. ß-GAL 染色 20PD、40PD、52PD2BS，着色率逐渐上升，对应的 SAHF 则未染色好（DAPI）；

4. 稳筛 2BS，细胞可能污染了。

下一步计划：

1. CO-IP 考虑不用标签抗体，改用 p27 作抗体；

2. 排除污染原因，继续稳筛实验；

3. 重复 SAHF 检测（正常衰老细胞，摸清 SAHF 特征）；

4. 构建 p27（K100）突变体；

5. 重复半衰期实验。

看到如此仔细的实验记录，童坦君毫不吝惜地给出鼓励。

一周后，赵干业继续写下实验小结和研究计划：

这周主要工作在养细胞上，4NX、293、2BS 皆已养起，同时帮助韩丽敏师姐做一点儿 SIRT6 SUMO 化方面的实验。计划：

1. 细胞已准备好，转染也已完成，接下来开始稳定转染 2BS 中过表达及敲除 SIRT6；同时过表达 SIRT6 和 p27，筛选后开始进行细胞周期、ß-GAL、SAHF 表型检测。这周抓紧实验进度，弥补上周因细胞状态而耽误的时间。

2. 在 293 中继续 CO-IP、半衰期实验。

2013 年 3 月 25 日，童坦君看到上述实验记录后有针对性地提醒道："计划性还应该加强，在培养细胞的同时还可以做一些必须做的事情。例如，查阅 SIRT6 方面的文献，了解有关进展，建议近期结合你的研究，用 PPT 向我介绍一下。"

童坦君就是这样循循善诱地教育学生。在他培养学生的过程中，没有大声地呵斥，没有犀利地言辞，更多的是他留在学生科研记录本上的每一个字。

童坦君对学生的阶段性要求非常明确，每一阶段都有不同的目标。在他看来，作为研究生导师，最关键的作用是学术引导，看准时机，及时鼓励学生在正确的道路上推进科学实验，并在学生取得阶段性进展后，适时地提出新目标。

（2013 年 6 月 3 日评语）PCAF 与 WWP1 的实验是否也可以排入日程了？SIRT6 与 p27 的相关性研究能否与肿瘤生长的动物实验挂钩？请着重考虑，并予以答复。

（2013 年 6 月 17 日评语）多看多想多构思！提出预案，不断总结以往实验，把 SIRT6 与 p27 的关系理清楚。与此同时，不断完善 SIRT6 与 p27 与肿瘤之间的关系，及早动手开展实验。

（2013 年 7 月 1 日评语）如何排除 SIRT1 的作用？学期已近尾声，

请对照 2013 年 5 月 29 日你做的汇报中 ONGOING WORK 是否已经完成？完成质量如何？后续的工作怎么做？到目前为止，你还没有个人作为第一作者的综述发表。请总结、检查，期末汇报中提出改进措施。

经过岁月的考验，在童坦君的指导下，赵干业终于完成了有关 SIRT6 的研究，其成果《SIRT6 功能与疾病研究进展》发表于《生理科学进展》上。[①]

图 5-10　2015 年，赵干业（后排左七）博士论文毕业答辩结束后与课题组师生合影（前排左三为童坦君，前排左二为张宗玉，童坦君提供）

---

① 赵干业，韩丽敏，童坦君：SIRT6 功能与疾病研究进展。《生理科学进展》，2014 年第 45 卷第 4 期，第 299–303 页。

第六章
勇担社会责任

践行教育理念

童坦君深知科学研究不能依靠单兵作战，培养人才、建设队伍的重要性不比天天泡在实验室里做科研的作用小。因此，他非常重视青年人才的培养，对研究生的要求也相当严格，经常用"奋斗、奋斗、再奋斗"这样的警示语来激励自己的学生。

做人比做学问重要

相对于做学术研究，童坦君强调做人比做研究更重要。科研诚信是童坦君对研究生提出的基本要求。他曾经发现自己的一个研究生谎称母亲病危，而实际上却在校外搞推销而荒废学业，一气之下，他撤回了该学生发表的论文并劝其退学。

2016 年，当一位硕士生第一天进入实验室时，童坦君就给她的学习生活定下了基调。

你来到我们的实验室学习，最先要学的是与人相处。既要学会与老师相处，更要学会与同学相处。实验室是一个小社会，是你迈向社会前的过渡。你要端正态度，多向早些进到实验室的师兄、师姐们学习，要学会向师兄、师姐虚心请教，要尽快和咱们的集体融合在一起。之后，你再学做事、做研究，掌握好我们这一行当所需的基本技能，从生手一步步进步成顶呱呱的高手。等你具备了熟练的技能，你就立起来了，可以独立进行自己的实验，在生物化学研究领域里可以独立进行积极探索了。在做事之前，要先学做人，记住我的话了吗？

同时，童坦君对研究生的培养重视因材施教。当发现有位同学对实验室实验有抵触情绪、很少主动来实验室时，他多次主动约该同学谈话。在弄清楚其研究生专业选择是受命于父母并非自己喜好，而她自己本人更喜欢哲学时，童坦君帮助她认真分析二次专业的选择问题，并派张宗玉亲自与医学哲学专业的导师联系，说明学生的实际情况。童坦君并没有以中国科学院院士的权威来限制学生的学术自由，而是充分尊重学生的选择，帮助学生把握适合自己的研究方向。对此，该同学对童坦君非常感激，她觉得童坦君对自己思想上的关心甚至超越了父母。

教育绝不只是言传，更要看重身教。童坦君和张宗玉就是为人师表、言传身教的表率。他们要求学生做到的事情，一定会自己身先士卒、垂范在前。

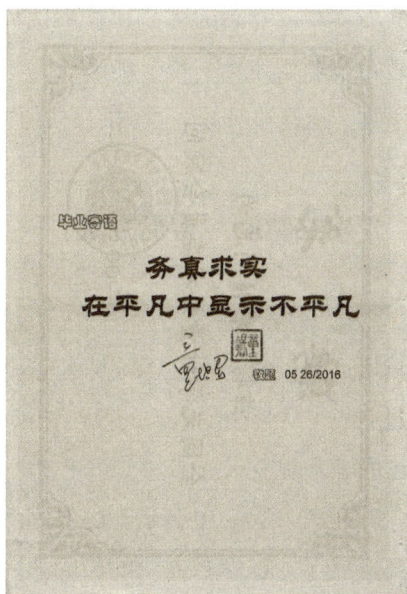

图 6-1　童坦君对学生的毕业寄语（写于 2016 年 5 月 26 日，童坦君提供）

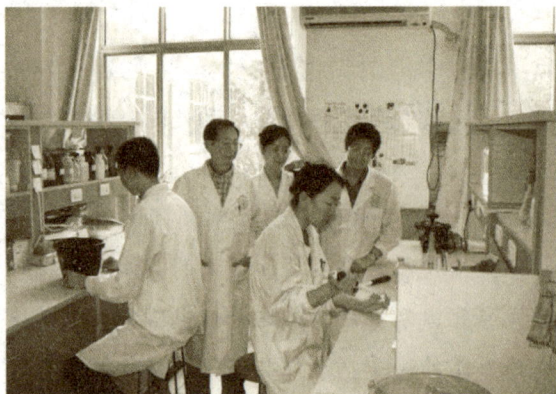

图6-2　2002年6月20日，童坦君（左二）在实验室
指导学生实验（童坦君提供）

每天清晨8:00，童坦君夫妇或者其中一人必定会提前来到北医生化楼，习惯性地先打开办公室大门，开窗通风。然后走到办公室旁边的实验室，早早地打开实验室大门，静静地等待学生们陆续到来。或是在实验室亲自指导学生，或是在办公室认真阅读文献，或是到图书馆埋头于书海。这看起来简单枯燥的工作，被他们视为有滋有味的优雅生活。一年四季，寒来暑往，不断地这样重复着。

不论拥有怎样的功成名就，童坦君夫妇始终没有把自己的工作重心偏离科学研究，这一点并不是所有他们这个级别的科学家都能做到的。成功的大科学家有着太多的机会和选择，而作为不计名利地始终把科学研究和教育事业摆在第一位、能够数十年如一日地坚持下来直至耄耋之年的老科学家，这是极其让人钦佩的，更何况童坦君已经如此生活和工作了一辈子。

建立制度　重视方法

自1954年师从导师刘思职院士攻读研究生时，童坦君就受到了严格的学术训练。固定的组会制度令他记忆犹新、受益匪浅。许多年以后，当童坦君完成了从学生到教师的角色转换、成为研究生导师后，他延续了刘思职院士的学术制度。

两周一次的组会是童坦君团队重要的工作内容，同时也是日常工作的高潮展示。童坦君充分相信团队内的指导教师，他把研究生按照研究方向和特长分派给组内的指导教师，以发挥青年导师的作用。每次组会都由童坦君团队中的教师轮流担任组会主持人，提前安排3—4名研究生依次汇报阶段性实验结果，研究生汇报后由各自带教指导教师做点评。表面看似单纯的研究生科研汇报展示，实则是教师指导是否到位、师生背后的努力是否尽力的体现。严格的组会制度使团队中的成员，无论是教师还是研究生都不敢懈怠，因为任何一点儿偷懒放纵都会在组会汇报中显现出来。研究生之间有比较，具体负责指导研究生的教师之间也会有竞争，汇集到童坦君这里，则是对整个团队工作的全面判断。以组会的形式检验科研、及时地把握团队的工作方向、调整布局，保证了科研团队的学术水平和彼此配合。

当听取学生们的学术汇报时，童坦君始终保持着一贯严谨的科学态度。他不轻易发言，会认真记录下学生提到的研究结果和后一阶段的研究设想，并且准确地记录有疑问的地方和可以给出建议的内容。虽然轻易不开口，但是只要童坦君一开口，肯定命中要害。在组会结束后，童坦君会有针对性地找学生约谈，一点儿一点儿地和学生梳理试验过程，生怕遗漏任何一个想要传达给学生的环节。

童坦君非常注意吸取前辈培养学生的经验，经常把读到的好文章、好办法记录下来。1982年，他读到同在北医基础医学院工作的王志均院士的一篇文章《关于研究生培养的几个问题》[1]，认为写得非常好。他非常赞同王志均院士提出的"三段法则"：第一阶段大约一年时间，读课及帮助学生做实验阶段准备；第二阶段为合作阶段，大约半年，在导师的指导下与其他人共同寻找问题、设计方案解决问题；第三阶段为独立工作阶段，大约一年半，独立制定研究题目、独立设计和操作，并想方设法在第三阶

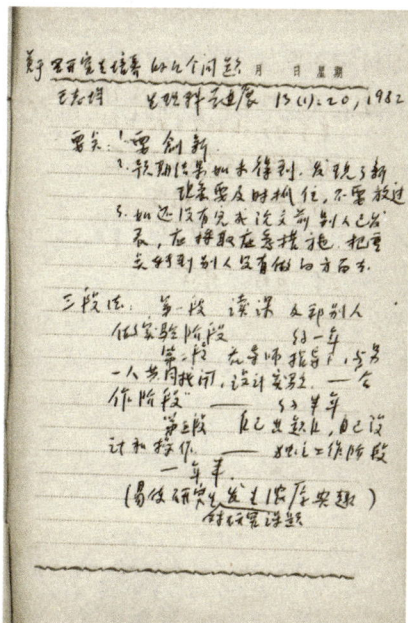

图6-3 1982年童坦君手稿（童坦君提供）

---

[1] 王志均：关于研究生培养的几个问题。《生理科学进展》，1982年第3卷第1期，第20页。

段激发研究生对科学研究的兴趣。于是在研究生培养过程中，他自觉地加以运用，并结合自己的体会总结出培养研究生的目的不仅是传授知识，更要培养创新精神。如果学生在实验中没有得到预期结果，而是发现了新问题，那也是好事情，一定要抓住、不要放过；如果学生尚未将研究成果发表论文，但已有其他人早于自己发表，这时要采取紧急措施，及时调整研究方向，不与他人的论文雷同。

当选中国科学院院士

随着课题研究的拓展深入、科研成果的不断积累以及北京大学衰老研究中心在国内外学术影响的逐渐扩大，加之学校领导和同事的支持和鼓励，童坦君有了参选中国科学院院士的计划。2005 年，童坦君准备参选中国科学院院士时已经 71 岁。院士的评选程序非常严格，尤其是 65 岁以上的候选人必须要有六位院士推荐才能参选。尽管如此，童坦君还是抱着一颗平常心开始参选，并于 2005 年年底成功当选中国科学院生命科学和医学学部院士。

2005 年 12 月 19 日，时任北京大学党委书记闵维方、校长许智宏得知童坦君入选中国科学院院士的消息后，立即给童坦君发来贺信。对此，童坦君谦虚地说："能够当选科学院院士可以说是侥幸，不过这个'侥幸'对衰老机理研究的不断发展和衰老医学的专业建设却有着非同凡响的意义。"

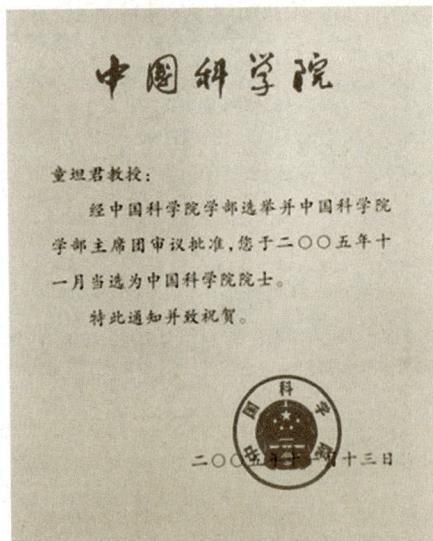

图 6-4　童坦君当选中国科学院院士证书（童坦君提供）

即使学术上取得再多的成就，也依然没有减缓童坦君探索衰老奥秘的激情。2007—2011 年，他再次承担国家 "973" 项目课题 "细胞复制性衰老的机制" 并超额完成了课题计划任务。课题围绕细胞复制性衰老的分子机制，在前期衰老相关基因（p16）研究的基础上，从多角度、多层次对 p16 的基因调控网络进行了更系统的探索分析，发现 p16 可以在转录水平受 SIRT1、PPAR-γ、HBP1 等调控，原癌基因 ras 通过 HBP1 促进 p16 表达是其引起人类细胞早老的原因之一；在转录后水平受 HuR、AUF1、NSun2 等因子调节，特别是 NSun2 对 p16 甲基化的调节为转录后基因调控研究提供了新的方向，也为衰老及其相关老年病的干预提供了理论依据与新的靶标。课题成果富有创新性，累计发表研究论文 32 篇，其中 SCI 收录论文 26 篇；在此期间，与项目主持单位共同获国家级科技进步奖二等奖（第二完成单位）、北京市科技进步奖一等奖（第二完成单位）和中华医学会一等奖（第二完成单位）各 1 项。2011 年，*Biochemistry* 杂志刊登了美国俄亥俄州立大学教授撰写的 p16 基因调控综述文章[1]，其

图6-5　2005 年 12 月 20 日，童坦君（前排左四）当选中国科学院院士后与课题组全体人员合影留念（童坦君提供）

---

[1]　Junan Li, Ming Jye Pol, Ming-Daw Tsal. The Regulatory Mechanisms of Tumor Suppressor p16^{INK4a} and Their Relevance to Cancer. Biochemistry, 2011（50）：5566-5582.

参考文献中引用了衰老研究中心自 2001 年以来在国际期刊发表的有关 p16 与细胞衰老的 10 篇论著。此外，2008 年童坦君有关整体衰老与细胞衰老分子连接点的论文 ① 在期刊 *PLoS One* 发表后，同月即被 *Nature China* 选为"科研亮点"，并以"细胞衰老，永葆青春"为题进行了评论和介绍。

由科技部发起的香山科学会议是我国科技界以探索科学前沿、促进知识创新为主要目标的高层次常设性学术会议。2010 年，童坦君向科技部香山会议办公室提交申请，建议召开香山会议以促进衰老相关学科的交流合作，共同应对我国人口老龄化日趋严峻的社会现状。2011 年 11 月 20—22 日，以"人口老龄化的严峻挑战及衰老基础研究的重要性"为主题的香山科学会议第 417 次学术讨论会在北京香山饭店隆重召开。时任全国人大常委会副委员长的韩启德院士、国家自然科学基金委董尔丹先生、科技部基础司副司长彭以祺先生以及来自全国 12 个省市的老年医学和相关学科的 45 位专家与会，大会执行主席由陈可翼院士、童坦君院士、陈香美院士和苏国辉院士共同担任。童坦君以《老年生物学国际国内研究动态》为主题作大会述评报告。在报告中，他强调应用科学的突破往往取决于基础研究的突破而不是经验的积累，衰老研究起步晚，在生物医学研究领域仍属青少年期上升期，因此有必要重视和加强衰老机理研究，以加速基础科研向应用效益的转化。

当选院士后，院士的荣誉使童坦君感到自己的肩上又担起了一份沉重的社会责任，他感到自己不仅仅是一位科学家，自己的工作岗位也不再仅仅局限于小小的实验室内，他不仅要埋头于自己的科学研究、耕种好自己的一亩三分地，也要为提高中国整个的科研水平贡献一份力量。此外，也要让自己的科研成果惠及全社会，让更多的老百姓从自己的科学研究中获益。

---

① Jing Huang, Qini Gan, Limin Han, et al. SIRT1 overexpression antagonizes cellular senescence with activated ERK/S6k1 signaling in human diploid fibroblasts. PLoS One, 2008, 3（3）: e1710.

科学传播彰责任

除了从事基础和临床研究，童坦君率领的科研团队还做了大量的科学传播工作，彰显了科学家的科学责任和社会责任。

建立科普网站

2002 年，童坦君团队发表的有关衰老研究的文章在社会上产生了比较大的影响力，这些文章斩获了 3 个"中国十大科技进展奖"，其中"北大医学部科学家初步揭开人类细胞衰老之谜"一文在两院院士评选的"2002年中国十大科技进展"中位列第 9 名，"人类细胞衰老主导基因 p16 作用机制及其负调控"在中国高等学校十大科技进展奖中位列第 5 名，还赢得了中国公众关注的十大科技进展奖。

这些奖项在带来惊喜之余，也让童坦君感到中国社会对于衰老研究的关注度正在逐渐升温。童坦君深知中国老龄化问题日益严重，他认为应该创建一个可行的途径向公众推广衰老的相关知识。当时，恰逢北京大学医学部汤健教授创建医学信息网站。童坦君受此启发，2003 年，组织了以刘新文为首的一批年轻人开始着手建立网站。

但是这些在实验室里埋头做研究的年轻人在建立网站方面，一无经验，二无技术，更没有资金上的支持，可谓困难重重。但似乎受到了上天的眷顾，建立网站面临的困难在接下来竟一个个迎刃而解了。首先，在技术方面，当时北京大学医学信息中心张翎主任判断出衰老研究将会在社会上产生非常大的影响力，于是主动派员帮助童坦君搭建了网站的主要框架。其次，在解决资金短缺方面，当时正值国家"十五"计划，项目中有一个 CERNET 高速传输网扩容工程，童坦君与张翎一拍即合。得到了 16 万元的网站建设启动经费。童坦君决定先购进服务器，保证网站可以运行。接下来的主要任务就是网站的内容建设了。童坦君非常清楚，自己和团队成员都精力有限，大家都有重要的科研任务在身，所以一定要想办法借助外力保障网站的内容时常更新。在网站内容方面，他首先想到了《健康指南》杂志。该杂志创办于 1988 年，由中国老年保健医学研究会和全国老干部健康指导委员会联合主办，是国内创办最早、发行量最大的中老年健康长寿指导期刊，在长寿和健康领域颇有影响力。童坦君和张宗玉找到《健康指南》杂志社，商定将该杂志已经刊登过的文章经过筛选后直接或者经过修改后公布于网站上。这样，网站文章的来源问题基本解决。同时，善于创新的童坦君还要求团队的教师和研究生积极撰写原创性质的衰老主题科普文章，经他审阅后发表在网站上[①]。

在童坦君的心目中，健康老年网既是一个科普网站，也是学术交流的网站。科普与科研并重、普及与提高并存，是童坦君追求的目标。因此，童坦君把"中华健康老年网"的内容大致分为两个板块：一部分是普及性的科普文章，另一部分是专业性比较强的研究文章。刊登这些专业性较强

图 6-6　童坦君主持建立的中华健康老年网首页

---

① 刘新文访谈，2017 年 7 月 11 日，北京。资料存于采集工程数据库。

的文章，主要目的是促进衰老研究领域的学者进行深入交流，也便于童坦君将最新的研究内容及时转变到面向公众的科学推广中，让公众接触到最前沿的科学知识。同时，这些研究性文章也可以吸引衰老领域的研究者对中华健康老年网的关注，吸引他们也积极投入到科学推广的工作中。

在童坦君的设想当中，衰老知识的科学推广不能像其他科普推广一样，做成单纯介绍养生长寿秘诀的科普网站，而是要将科普传播当作一个科学产业来发展。童坦君心中的科普产业的核心不是通常情况下人们理解的商业谋利，而是在科学推广事业中树立品牌意识，最终创造出像品牌产品那样具有广泛的、深远的影响力。想要达到这个目标，就需要有自己独特的创新之处，而将前沿的研究成果以及最新的研究文献介绍给公众，正是童坦君开展科学传播的独特所在。作为一个在实验室做研究的科学家，童坦君的这种想法独具匠心，因为他能够亲身接触到衰老研究的前沿成果，甚至一些成果就是出自他和自己领导的团队的科学发现。这样童坦君能够将严谨、正确的科学知识推广给公众，没有知识产权争议，科学知识权威，这是很多其他网站难以企及的地方。

在建立中华健康老年网的过程中，童坦君虽然解决了启动资金的问题，但是网站的日常运营也面临经费紧张的困难，即便是这样，他仍然拒绝了某些企业上千万元的资助。因为他担心如果接受了企业赞助，一些企业可能会打着自己的旗号背地里做一些虚假、伪科学的宣传，那样会误导老百姓。所以，童坦君宁可在经费紧张的情况下维持网站运转，也不愿意自己创建的网站被束缚在商业利益之下。用童坦君的话说，"科学家要有社会责任，更要讲究科学道德。"作为网站主要创建者之一的刘新文老师回想起与童坦君一起创建中华健康老年网的经历时，不无感性地说："童坦君是老学究，他认准了一个道理，就是搞研究的人就要踏踏实实、一心一意地做学问，而不是心里想着怎样去赚钱。"[1]

中华健康老年网在建立之初就引起了社会的广泛关注，网站访问量在不到一周的时间内迅速增加到几十万。童坦君对此感到非常欣慰，他

---

[1] 刘新文访谈，2017 年 7 月 11 日，北京。资料存于采集工程数据库。

第六章　勇担社会责任 ｜ *113*

希望通过健康老年网这座网络桥梁，把科学正确的健康理念从实验室传播到百姓的生活中，慢慢渗透，逐渐影响老年人的生活习惯，塑造健康老年的生活。

通过"首都科学讲堂"向公众介绍衰老知识

"首都科学讲堂"创办于 2007 年，是一档以解读科学精神为主线、以当今科学热点为话题、以打造明星专家和系列演讲为特色、以媒体联动为延伸、以捐助科技小学和推出系列出版物为落脚点，具有公益性质和鲜明特色的全民科普类节目。2010 年，童坦君与张宗玉作为共同主讲人参加了"首都科学讲堂"节目。在节目中，童坦君以《人类活 200 岁的可能》为题向观众讲解了有关衰老的一系列科学知识，并介绍了一些养生保健的方法。

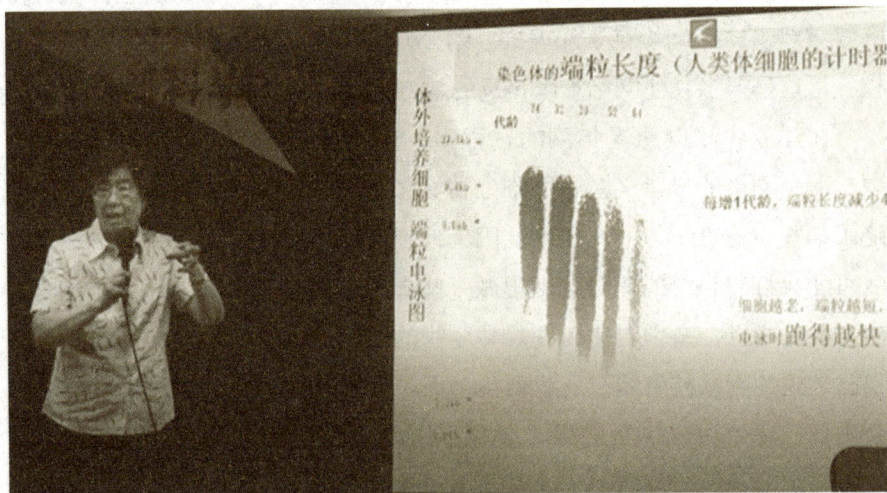

图 6-7　2010 年，张宗玉在"首都科学讲堂"作报告（童坦君提供）

出版科普图书

1995 年，童坦君、张宗玉联合主编了《医学老年学：衰老与长寿》。2002 年此书再版，增加到 140 万字。2003 年建立科普网站以来，童坦君夫妇认为该适时编写衰老的科普读物了。于是在 2006 年，童坦君与张宗玉共同撰写了科普小书《健健康康活百岁 有滋有味过百年》，受到读者的广泛欢迎。

依据老年人的生理特点，童坦君在书中给出了如下几种饮食方式的建议。

由于基础代谢率下降，老年人要保持低糖和低热量饮食，并且老年人从糖中摄取的热量以占总热量的 55%—60% 为宜。一日三餐也要合理分配能量摄入，能量摄入比例为早餐 30%、

图 6-8　2006 年，童坦君与张宗玉共同编撰的科普图书《健健康康活百岁　有滋有味过百年》封面（童坦君提供）

午餐 40%、晚餐 30%，这一比例应和了一句民间俗语：早餐要吃好、午餐要吃饱、晚餐要吃少。

为了减少老年人群中常见的心脑血管疾病、糖尿病等疾病的危险因素，老年人应保持低脂肪的饮食习惯，每日脂肪摄入量应占总热量的 20% 以下。脂肪摄入最好以植物油为主、动物油为辅。此外，老年人要注意进食动物性食物也会带入动物性脂肪。

老年人因胃肠功能下降、胃肠蠕动减慢而易患便秘，所以应该多食高纤维素的食品，例如谷物、全麦面、豆类、水果和蔬菜等。食物中的纤维素、果胶等统称为膳食纤维，膳食纤维是人类七种必需营养之一。不溶性纤维素在肠道内吸收水分而膨胀，能够刺激肠壁、增加肠蠕动产生便感。此外，纤维素在结肠中发酵，增加粪便重量，每克粗纤维能够使粪便重量增加 15 克，并能够加速肠内容物在结肠内转移而使粪便易于排出。纤维素也能够减少粪便中致癌因素与肠壁的接触，从而降低结肠癌的发病率。膳食纤维还可以控制 II 型糖尿病。纤

维素可以增加胆汁酸的排出，从而降低胆固醇的浓度，有利于预防老年人心脑血管疾病。

……

老年人饮食要注意糖、脂肪和蛋白质摄入的比例。低糖低油饮食并非不食用油脂和糖类，相反，若饮食中缺少糖和油脂会对人体造成较大的伤害。不摄入糖，能量来源就不足；不食用油脂，人体就无法吸收食物中的脂溶性维生素。此外，蛋白质摄入量过高，会增加肝、肾的负担。在老年人的平衡膳食中，蛋白质、油脂与糖类的重量比以 1∶0.7—0.8∶3.0—3.5 为宜。

老年人在饮食中还要注意"少盐、多醋"饮食。"少盐"是指每日食用少于 5 克盐，这样可以降低高血压的发病率。"多醋"可以促进人体对食物中钙的吸收，预防老年人骨质疏松。多食醋也可以消食化积，抑制肠道有害细菌繁殖。我国老年人群中最常见的营养物质缺乏是维生素 A 衍生物、维生素 B2 以及钙，因此老年人要多吃富含 β—胡萝卜素的食物，它可以在人体内转变为维生素 A。牛奶、虾皮、海带、小鱼、黄豆及豆制品富含丰富的钙，奶与蛋黄富含较多的维生素 B2，老年人应注意多吃这些食物。

……

在撰写《健健康康活百岁　有滋有味过百年》的过程中，为了增加书中内容的信服力，年近七旬的童坦君夫妇斟酌筛选 9 位长寿科学家（当年这 9 位长寿科学家中最年轻的 81 岁，最年长的 106 岁），并亲自登门采访，以获取、总结其长寿经验。童坦君以科学家的视角将长寿学者的养生之道总结于书中，奉献给广大公众。以下摘录了童坦君夫妇采访部分长寿科学家的长寿经验。

张昌颖（1906—2006），著名生物化学家、营养学家。100 岁时，生活仍能自理，头脑清晰，对往事、近事记忆犹新。喜爱运动，60 多岁时还在北医游泳池游泳，年老后不宜外出，每天坚持在居室内慢跑。张昌颖教授自述的长寿之道为淡泊名利与保持良好的生活习惯。要做到遇名利而不争、清心寡欲、遇事冷静，保持乐观开朗的情绪，不大喜大悲。在生活习惯上，每天的午餐与晚餐以素菜为主，4—5种菜中有一个荤菜，每餐不宜太饱。冬春两季喜欢吃生核桃仁，每天服多种维生素。生活规律、不熬夜、不抽烟、不喝酒。每晚睡前用热水洗脚、泡脚，尤其是在冬天坚持热水泡脚，活跃全身血液。

李肇特（1913—2006），组织胚胎学专家。93岁时仍然思维敏捷、行动自如，不但生活自理，还能够帮助子女拖地、打扫卫生、做早饭等。生活非常规律，每天早上6点起床、7点半吃早饭，午休20—30分钟。每晚看电视不超过10点。每天练习书写毛笔字。饮食上营养摄入均衡，不忌嘴，多吃蔬菜，每天服复合维生素。此外，能够做到烟酒有节、心气平和、乐观自信。

马旭（1915—2012），医学教育家。92岁仍头脑清楚、思维敏捷、满面红光，体型保持良好，步履轻快，说话依旧幽默、风趣。马旭教授自述的养生之道为清心寡欲、与人无争、心气平和、不与人攀比；生活规律，每天8:30—9:00按时起床，每晚10点左右就寝，每天午休1—2小时；饮食上荤素搭配、不挑食，注意吃五谷杂粮，每餐5—6分饱；喜爱运动，每天上、下午在校园内散步。

龚人放（1915—2011），北京大学外国语学院俄罗斯语言文学专业教授、我国著名的俄罗斯语言翻译家。91岁仍然忙于出版自传《梦回九十年》。性格温和，遇事冷静，不急不怒。龚人放认为人要有点精神，所以他喜欢到北京大学幼儿园门口坐观孩子们玩耍。每天早上坚持7—8点起床，中午休息1小时，晚上11—12点就寝。在饮食上讲究荤素搭配、荤少菜多，并在睡前喝牛奶。

李凤鸣（1915—2019），我国著名的眼科学家、眼科病理学家及医学教育家。其养生之道为：心平气和没有奢望，情绪乐观，对于生活现状很满足，爱帮助人，处事讲原则。生活有规律、饮食有节制，每天按时起床，天气好时同家人一起去公园散步、赏花、晒太阳。中午休息半小时左右，不熬夜。饮食比较简单，每餐不吃太饱，每天服用多种维生素，吃水果。

牟善初（1917—2017），我国知名心、肺内科专家。88 岁仍然进行会诊、查房。生活规律，每天 6 点起床，午休半小时，晚上 11 点就寝。不抽烟，少量喝酒，饮食有节。此外，不吃任何保健品甚至维生素。

王新德（1924—2009），我国知名神经内科专家。其养生之道是性格开朗，跟得上时代，喜爱京剧、歌剧、茶道与摄影。饮食有节，爱吃鱼和蔬菜，每日服用 1 粒 21 金维他、维生素 E、西洋参与钙尔奇。生活规律，早上 6 点起床，午休 10 分钟左右，晚上 11 点就寝。运动以散步为主。1990 年，王新德教授患直肠癌，但是他坦然直面人生，渡过了生死关。

第七章
博士后制度研究

1978 年 12 月—1981 年 5 月，童坦君以访问学者的身份赴美国国立卫生研究院和约翰·霍普金斯大学学习，并获得博士后职位。作为中国首位美国国立卫生研究院博士后结业证书获得者，童坦君最先体会到的是美国博士后教育制度及该制度为美国科学研究带来的丰硕成果。随着中国博士后制度的建立与发展，童坦君敏锐地觉察到中国博士后制度中存在的问题和亟待改进的地方，并为此做了大量的调研工作，为改进中国的博士后制度提出了许多很好的建议。

美国博士后制度

制度缘起

博士后制度起源于美国，由约翰·霍普金斯大学最先开创。约翰·霍普金斯大学成立于 1876 年，其捐赠者约翰·霍普金斯于 1873 年留下遗嘱，决定将自己的遗产捐赠并建造一所大学，同时希望这所大学能够效仿德国研究型大学的办学模式来发展。当时，研究型大学在美国并不属于学术主流，美国有名的大学如哈佛大学、耶鲁大学等深受英国大学传统（重教学而轻研究）的影响①。虽然另辟蹊径会受到多方质疑与指责，但是目标远大的时任校长丹尼尔·吉尔曼选择尊重捐赠者的遗愿。丹尼尔·吉尔曼曾留学德国柏林，德国大学"教学与科研统一"的理念深深影响了他对大学教育灵魂的理解②，在就职约翰·霍普金斯大学首位校长的演说中，他说道："最慷慨地促进一切有用知识的发展，鼓励研究，促进青年人的成长，促进那些依靠其能力而献身科学进步的学者们的成长"，并强调"学术研究是每个教授的职能，而且教授应该是学生的指导者或激励者"。担任约翰·霍普金斯大学校长后，本着"增进知识和培养研究生"和"增进高深学问"的目标，丹尼尔·吉尔曼创建了美国首个研究生院，使得约翰·霍普金斯大学成了本科教育和研究生教育相互依存、相互促进成长的摇篮。这种特立独行的大学教育模式曾引来教育史学家沃特·梅茨格的批评，他认为这种方式会影响大学作为"独立思考的中心和智力进步的机构"。但事实证明，丹尼尔·吉尔曼的决策甚为英明。本科教育为研究生教育提供了优质生源，保障了研究生教育的质量，提高了大学的影响力，引起其他大学纷起效仿。在创建研究生院的同时，丹尼尔提出为年轻的研究人员创设一项研究基金，第一批获得资金的 4 名已有博士学位的研究人员被称为postdoctor，即博士后。人们普遍认为博士后制度由此诞生。约翰·霍普金斯大学的成功为其他大学的发展方向点亮了一盏指路明灯，使博士后制度在美国多所大学逐渐发展壮大起来。哈佛大学、哥伦比亚大学等纷纷为刚毕业的博士生提供研究资金。

此后，美国的博士后政策不仅面向美国国内的博士毕业生，而且把眼光投向了世界范围。1924 年美国国际交流基金的建立为招收国际博士后打开了大门，也为美国广泛吸纳各国人才奠定了基础。这个时间距离童坦君第一次赴美已经过去了半个多世纪。

① 姚云：美国博士后制度的特点及其启示.《教育研究》，2009 年第 12 期，第 85-90 页。
② 施晓光：创建真正意义上的美国大学：吉尔曼与约翰·霍普金斯大学的崛起.《外国教育研究》，2004 年第 31 卷第 169 期，第 37-40 页。

1937 年，美国国会在国立卫生研究院设立了博士后研究基金，标志着美国政府开始介入博士后培养制度[①]。博士后制度的发展与扩大为美国日后的科学研究的发展打下了坚实基础，但博士后制度在基金来源、资助领域和博士后规模等方面也存在不少局限性。

发展阶段

第二次世界大战后，美国十分重视培养和吸引年轻的科研人员，联邦政府对科研工作给予的大力支持使得博士后制度进入到快速发展时期。1937 年，美国在国立卫生研究院建立研究所并开始招收博士后研究人员。1944 年，时任美国总统罗斯福提出："在未来和平时代发现和培养美国青年的科学才能，以确保美国将来的科研能达到战争时期的水平，并要求制订一个有效的方案。"1957 年，苏联成功发射了世界上第一颗人造卫星，这使美国感到美国科技强国的地位受到了挑战，于是借助世界经济第一强国的优势投入了大量的财力和物力来发展大学的科学研究，通过了诸如《1958 年国防教育法》《1965 年高等教育法》等一系列教育法案，美国的科研迎来了大发展时期，博士后教育事业也步入又一个春天。1962 年，美国新毕业博士生 11507 人，其中 8.5% 在博士后岗位上继续从事科学研究。到 1967 年，博士生继续做博士后的比例提高到了 11.6%。[②]

20 世纪 70 年代，美国博士后制度发展加快，日趋成熟。这一时期，博士后招收主体扩大，一些非研究性大学、生物工程公司和医药企业也开始招收博士后，形成了大学、政府机构和企业三大招收主体。由于政府和民间财团的支持，博士后资金来源多样化，博士后研究基金、联邦政府培训拨款和研究项目经费成为博士后的三类资助方式。资金来源的多样化给予了美国博士后教育雄厚的资金支持。

20 世纪 80 年代，美国的博士后制度出现了新的模式。由于经济危机，美国政府削减了教育经费开支，大学对博士后的招收也因此受到冲

---

① 姚云：美国博士后制度的特点及其启示。《教育研究》，2009 年第 12 期，第 85-90 页。

② 范平花：《美国博士后制度研究》。汕头：汕头大学，2006 年。

击，于是科研人员去企业做博士后的人数逐渐增多，以前由企业资助博士后在高校和研究机构开展研究的模式逐渐转变为企业自己招收博士后。这种模式拓宽了博士后的科研方向，促使博士后的科研成果向市场化的转变。

20 世纪 90 年代，由于世界政治格局的巨大变化，美国政府重新加强了对教育事业的投入，博士后教育制度进一步发展。有研究表明，在对近两期的《科学》杂志研究论文的统计发现，43% 的第一作者都是博士后。

从 CUSBEA 项目到中国博士后制度

虽然在 1979 年年初邓小平访美时，与美国签署了关于派遣中国留学生赴美的协议，但是由于美国各大知名院校大多对中国学生的情况不了解，对中国学生的学术水平持怀疑态度，不敢轻易录取中国留学生，所以很多中国学生在美国大学里只能算作是旁听生，无法获得正式的学位以及获得与美国学生同等的专业训练[1]。与此同时，中国尚未开展 GRE 或是 TOEFL 这样可以进入美国大学的考试，导致中国派遣赴美留学生困难重重。此时，为中国学生开辟一条通向大洋彼岸继续深造的途径成为当务之急。

CUSBEA 项目背景

1979 年，诺贝尔奖获得者、哥伦比亚大学教授李政道来华访问，他深切体会到中国学生赴美攻读学位的艰难。在中国科学院研究生院讲课时，李政道遇到了一些优秀的研究生，推荐 5 名成绩突出的学生进入哥伦比亚大学留学，并推荐他们获得了该大学的奖学金。同年 12 月，李政道在北京举行第二次赴美留学生选拔考试，考试面向中国科学研究院、北京大学、

---

[1] 顾迈男，李政道与中国赴美留学生项目，百年潮，2008（11）：60-65。

中科院理论物理所等院校的研究生。其中 3 名被选中进入哥伦比亚大学，10 名被选中进入纽约市大学高等学校留学，这 13 名学生全部获得了大学的资助。这先后两次派中国学生进入美国大学学习的行动，成了 CUSPEA 的雏形。

1981 年，为了给更多的中国学生打通一条留学之路，李政道明确提出 CUSPEA（China-United States Physics Examination and Application）项目，即中美联合培养物理类研究生计划。同时，李政道想尽办法，将中国留学生推荐到更多的美国高校中去，凭借李政道在国际物理界的威望以及不懈的努力，美国先后有 76 所大学与该项目建立了合作关系，每年有百名中国物理学学生赴美读博，为我国大规模的人才培养打下了坚实基础。[①]

CUSPEA 项目的初试成功启发了康奈尔大学的吴瑞教授，吴瑞希望将该项目模式推广到自己所在的分子生物学与生物化学领域，让中国高校与美国各大学在生物化学与分子生物学领域建立联系，选拔中国学生赴美留学，为中国的生命科学领域注入新鲜血液与尖端技术，缩短中国与世界先进水平之间的差距。于是，吴瑞写信给李政道，表示想把 CUSPEA 方法推广到生物学科。李政道十分支持吴瑞的想法，并把吴瑞举办生物化学项目的想法转达给中国科学院和教育部。经过沟通，吴瑞得到了中国政府对举办中美生物化学招生项目的肯定意见。

1981 年 3 月 24 日，吴瑞和美国康奈尔大学的生物化学助理教授戴碧（Bik-kwoon Tye）写信给当时的教育部部长蒋南翔和中国科学院副院长严济慈，建议举办 CUSBEA 项目，表示愿意效仿李政道博士进行的 CUSPEA 方式，举办中美生物化学和分子生物学方面的考试，选拔这方面的研究生赴美深造。1981 年 4—5 月，吴瑞和戴碧以及康奈尔大学的其他同事向 50 多所美国著名大学写信，询问是否愿意加入中美生物化学和分子生物学招生项目，最后得到约 40 所大学的支持，这极大地增加了吴瑞举办 CUSBEA 项目的信心。

1981 年 4 月 14 日，当得知吴瑞在美国已联系了近 40 所大学，严济

---

① 冯支越：从 CUSPEA 项目到中国博士后制度。《北京大学学报》（哲学社会科学版），2004 年第 41 卷第 4 期，第 148-153 页。

慈和李政道于是建议国内主办单位与吴瑞联系，邀请他来中国详细面谈。1981 年 7 月 1 日，教育部正式宣布委托北京大学承办 CUSBEA 项目，即中美生物化学联合招生项目（China–United States Biochemistry Examination and Application Program），并将此项目纳入教育部的公派出国留学计划 ①。自此，中国大规模地选派优秀学生赴美国学习生命科学的渠道正式开启。

童坦君与 CUSBEA 项目

CUSPEA 和 CUSBEA 这两个项目打开了中国留学生赴美留学的先河，不仅使中国学子有机会留学海外，同时也学习了美国人才培养和科学管理的先进经验，使中国的大学教育与科学管理深受启发。时任教育部副部长黄辛白曾评价道：

> 这一项目（CUSPEA）的推出与实施，促进了中美高等教育和科学界——特别是物理科学界的相互了解和联系，交流了中美高等学校物理教学的情况，推动了我国物理学科的教学改革。CUSPEA 项目的精神和做法，今后也许还会出现在类似的交流项目之中。

CUSBEA 项目中的许多学生后来都成为著名的科学家，活跃在生命科学研究领域前沿。不论这些人才身在中国还是海外，他们都为祖国争得了令世界瞩目的荣誉，并为中美双方在教育、文化、贸易等各方面搭起了理解和合作的桥梁。正如中国科学院院士朱清时所说：

> 一个国家、一个民族要发展，必须把自己融入更大的时间和空间尺度，要从长远的历史背景上来看待这个问题。基础学科的发展尤其要走向国际前沿。科学文化的多元化要求我们必须博采众家之长。派最优秀的人出去，无论他是否回来，都可以直接间接地为祖国的科技

---

① 陈小科，张大庆：CUSBEA 项目及其对中国生命科学发展的影响。《自然辩证法通讯》，2006 年第 28 卷第 1 期，第 53–61 页。

发展做出贡献……留学生们功不可没。他们接受国内的访问学者、培养研究生、回国讲学、提供研究资料和学术动态等，对提高国内的研究水平起到了重要作用。从长远看，他们留在那里、生了根、站住脚，可能更有利，对国家贡献更大……只要他们心向祖国，随时关心祖国的发展，做有益于国家的事情就行了。[①]

北京大学医学院的生物化学同仁对 CUSBEA 有天然的亲切感。CUSBEA 英文笔试包括分子生物学和生物化学等内容。童坦君自 1982 年起，每当蝉鸣时，就会到北京大学生物楼参加生物化学部分的阅卷工作。1987 年，纪念 CUSBEA 5 周年的留美学生和学者学术讨论会在纽约召开，童坦君恰好在美国，闻讯参加了这次盛会。[②] 童坦君非常感慨，CUSBEA 项目培养了许多优秀学子，不少人已经成为各自领域的主流学者，个别人已经当选美国科学院院士。

2007 年，童坦君参加了在北京大学举行的教育部 CUSBEA 项目 25 周年庆典。在这次庆典大会上，童坦君最后一次见到了吴瑞先生。半年后，吴瑞先生因为心肌梗死去世。吴瑞先生为推动中国生物化学与分子生物学走向世界的拳拳之心和突出贡献令他永远铭记。

中国博士后制度研究

中国对博士后的需求

1978—1983 年，赴海外留学的学生已渐有所成并陆续回国工作。其

---

① 徐建辉. 穿越时空的 CUSPEA［EB/OL］. 2002-06. http://www.cas.cn/xw/gndt/200906/t20090608_612927.html.

② 童坦君主编：《中国医学院士文库：童坦君院士集》。北京：人民军医出版社，2014 年，第 462 页。

间，国内也有大量研究生获得了博士学位。在这种情况下，我国亟须建立高效统筹的管理机制，为这些人才妥善安排工作岗位、提供合理的生活待遇并创建良好的科研环境和条件，让他们安心发挥学术优势，为国家各项事业的发展做出贡献，同时吸引更多的海外留学生回国工作，为国家的发展贡献才智。但80年代初期，我国仍处于计划经济体制，教育体制、人事制度僵化，编制、住房等方面政策限制颇多，使得一些科研人员无法解决生活的后顾之忧，很难安心从事研究工作，人才流失严重，交叉学科的研究更是难上加难。此时，建立一种具有流动性、时效性、机动性特点的制度以促进优秀人才的培养，成了新时期中国亟待解决的问题①。

　　一些专家和学者认为，我国有必要学习美国培养人才的模式，设立博士后流动站，以培养我国自己的后备科研力量。李政道曾经指出，博士只是高级人才培养中的一个中间阶段，博士生应再经过几年独立研究工作的锻炼，方能成为成熟有经验的科研人员。因此，李政道曾两次写信给邓小平，提出在各大高校建设一个有中国特色的博士后制度。

　　1984年，邓小平会见李政道，听取了李政道对于实施中国博士后制度的详细计划及剖析。李政道向邓小平极力提议，为博士后创造更好的科研环境，提高福利待遇，建议由国家统一拨款建设博士后公寓，为博士后日常生活提供基本保障；同时，建立博士后基金，资助博士后开展科学研究；博士后在站期满后，必须流动到另一个站点继续从事科学研究。中国政府也应该鼓励回国博士再次到国外做博士后研究，以保持中国科研人员紧密接触发达国家的科学前沿。邓小平听后十分赞同。

　　　设立博士后流动站是一个培养和使用科技人才的新方法，这个方法很好，我赞成。培养和使用相结合，在使用中培养，在培养和使用中发现更高级的人才。要建立成百上千的流动站，形成培养和使用科

---

　　①　童坦君，曾益新，方精云，等，关于改革博士后制度和壮大博士后队伍的建议，中国科学院文件。

技人才的制度。[①]

1985 年 7 月 16 日，邓小平再次会见李政道，向其询问中国博士后制度落实过程中的困难，并同意了李政道提出的给予博士后每人每年 1.2 万元日常经费的建议。当月，中国国务院正式批准了原国家科委、教育部和中国科学院《关于试办博士后流动站的报告》，并组织建立了全国博士后管委会，统一组织和协调博士后工作。中国博士后制度就此诞生。

中国博士后制度的发展

1988 年以后，中国博士后管理制度迎来了较大的调整，规模逐步扩大，走向了发展的黄金时期。从博士后的人才管理机制出发，博士后管理工作由原国家科委移交至国家人事部，以便充分发挥地方人事，协调博士后流动站以及博士后人员不断增长所带来的问题。1990 年，国家人事部成立了中国博士后科学基金会。在人事部的多方协调下，国家拨款 2000 万元在北京、上海、南京、武汉、杭州、西安、长春和哈尔滨八个城市陆续兴建一批博士后公寓，解决了博士后安家立业的必要之需。1990 年，中国博士后招收结构也发生了变化，最显著的改变是博士后流动站开始招收自筹经费博士后且招收人数逐年扩大。1994 年，中国博士后制度迎来了创新发展，博士后日常经费增加到每人每年 2.0 万元。同年 10 月，上海宝钢集团成立了中国第一家博士后科研工作站。1996 年 2 月，为了帮助军队系统培养人才，人事部和全国博士后管理委员会批准在军事领域建立博士后科研流动站。1997 年 10 月，《企业博士后工作管理暂行规定》颁布，标志着企业博士后工作正式开展。1998 年 5 月，"中韩青年科学家交流计划"开始实施，打开了博士后人员国际交流渠道[②]。1988—1998 年，中国博士后数量逐渐增长，出站人数翻了近 27 倍。至 2006 年，中国博士后科研流动站

---

① 周峰：独具特色前程似锦——中国博士后制度实施二十年历程回眸。《中国人才》，2005 年第 21 期，第 14-17 页。

② 李政道：独具特色的中国博士后制度前程似锦。《中国博士后》，2005 年第 3 期。

培养出了大批能力出众的人才。

全国 343 个高等院校和科研院所设立了 1363 个博士后科研流动站。其中，234 所高等院校有 1193 个流动站，109 个科研院所有 170 个流动站。全国有 29 个省、直辖市、自治区建立了博士后科研流动站，专业覆盖工学、理学、农学、法学、医学、军事学、管理学、哲学、经济学、教育学、文学、历史学 12 个学科门类的 86 个一级学科。在国有大型、特大型企业和高新技术企业已建立 1018 个博士后科研工作站。全国累计招收博士后研究人员超过 3.2 万人，在站博士后研究人员逾 1.2 万人。因此，博士后科研流动站造就了一大批年轻富有活力的博士后人才群体。博士后研究人员在 2—3 年的在站时间中，平均每人承担 3 项研究项目，其中国家级研究项目占 37.3%、省部级项目占 27.9%，平均每人在国际核心期刊上发表论文 24.5 篇[①]。

由此看出，中国博士后在不断发展的几十年中，规模日益壮大，培养出了越来越多的优秀人才，提升了高校和科研院所的科研水平，在中国创造了良好的科研氛围，一定程度上达到了吸引人才、留住人才的目的。

童坦君曾经感慨地说：

在世界民族之林，创新能力的竞争归根结底是人才的竞争。纵观科技强国，博士后群体是各国科技战线的尖兵和骨干队伍。我国博士后制度经 20 余年的打造，精心培育，已成规模。[②]

中国博士后制度的特点

童坦君指出，中国博士后制度源于李政道的积极建议以及邓小平同志的大力支持。由于中国当时历史背景以及政治体制的限制，中国博士后制

---

① 周德喜：浅议中国特色的博士后制度.《天津市教科院学报》，2006 年第 2 期，第 65-67 页。
② 童坦君访谈，2018 年 3 月 22 日，北京。资料存于采集工程数据库。

度的迅速建立与发展依赖于中国政府行政的强力干预以及人事管理系统的直接领导。这种管理制度具有强烈的计划经济色彩，在特定的社会环境下，对博士后制度的推进与完善有积极的促进作用，使博士后在中国实现科教兴国战略和人才强国战略方面做出了巨大贡献。

童坦君回顾中国博士后制度的发展，综合相关研究，归纳了中国的博士后制度的几个基本特点。

一是中国博士后制度在计划经济体制下由政府主导建立并推行。人事、科技、教育、财政等相关政府部门和著名科学家共同组成全国博士后管理委员会，对博士后的各项工作进行管理和决策。在各地区、各部门的配合下，政府主管部门统筹博士后相关事项的组织、规划、实施和管理，对博士后培养目标、资格认定、学科范围、流动方式、生活待遇、住房条件、子女入学等制定统一的标准。博士后流动站的设立都是以提高国家各领域发展为目的的，其研究资金大部分来自中央财政拨款[1]。

二是统一的设站单位资格审批。博士后流动站是博士后开展工作的基本单元，同时也是政府部门对博士后进行管理的单元。中国政府统一规划，组织相关专家在一定指标范围内评审流动站，对设站单位进行评估。根据评估结果，增加优秀单位博士后国家资助名额和设站的优先权。与之相反，评估不合格单位将减少国家资助名额，严重不合格单位则取消设站资格。

三是统一的博士后资助名额审批。每年国家财政部按名额给全国博士后管理委员会拨款，再由委员会分配到各个设站单位。分配名额主要依据设站单位中博士后流动站的数量和招收的博士后人员数量。设站单位每年可向博士后管理委员会申请增加国家资助名额。

四是统一的博士后进出站审批管理。中国博士后政策规定，各单位招收博士后必须由全国博士后管委会办公室或博士后工作试点省市办理进站手续，登记注册后方可入站。国家对博士后申请的年龄、进站学科都有统一要求。博士后在站期满，必须由全国博士后管委会办公室

———————
[1] 陈谷纲，王云鹏，刘丹华：试论中国博士后制度的创新。《中国高教研究》，2004年第11期，第56-58页。

或博士后工作试点省市办理出站手续。国家规定博士后在站期限为两年，若不满 21 个月或者超过 3 年，则需向全国博士后管理委员会提出申请。

五是统一的博士后工作考核。国家要求设站单位对博士后在站期间的研究工作进行阶段性考核，对出站的博士后进行出站评审以及工作成果的等级评定。

此外，国家对博士后人员在站期间户口迁落、工资标准、子女上学、配偶生活补助等方面都制定了统一政策。在计划经济指导下，这些有关博士后的管理措施符合当时中国科技发展的需求，收到了可观的效果。但是随着中国经济的快速发展和科技领域对各类人才迅速增长的需求，现有博士后制度的一些弊端逐渐显现出来。

中国博士后制度的弊端

在童坦君眼中，博士后在科学研究中发挥的作用举足轻重。博士后是培养科学精英的必经阶段，是科学工作者事业的起点，也可以看作是博士生由学生身份转向工作岗位的过渡阶段。在这一阶段，博士后正处于创新思维最活跃的年龄，我国应该充分利用好博士后这支队伍，才能够在科学研究中稳操胜券，向"创新型国家"迈进。童坦君认为中国的博士后管理制度在经过 20 年的摸索与精细培育后，虽然形成了一定的规模，但是随着中国行政管理体制的改革和科研基金制度的逐步完善，带有强烈计划经济特点的博士后管理制度已经无法满足中国社会发展的快速需求。博士后招收规定繁杂、限制过多，科研项目的基础作用和教授的核心作用发挥不完善，这些因素导致中国的博士后队伍相较于发达国家存在规模小、时间短、效率低、潜力发挥不充分的短板。若要让中国博士后制度继续发展完善，为中国社会的发展源源不断地培养才资卓越的精英，必须找出现行博士后制度中的弊端，借鉴国际上博士后招收的经验，广泛吸纳从事博士后制度管理的专职人员，听取在读博士后的建议，及时采取必要的改革措施。

针对中国博士后制度的缺陷，童坦君查阅了相关资料，以科学家的严谨治学态度对此进行了认真分析，并总结了当时我国博士后管理制度存在的几方面不足。

首先，中国博士后规模存在不足。不可否认，中国博士后制度自 1985 年建立以来，经历了 20 余年的风雨磨砺与成长，从无到有，发展出了一支规模相当的博士后队伍，并为中国的科技发展做出了巨大贡献。但是，自我欣赏与满足无益于继续进步。通过与美国博士后队伍的规模进行比较，童坦君发现，截至 2006 年，中国先后设置了博士后流动站 1363 个，累计招收博士后研究人员 43865 人；而在美国，1967 年在高等院校中就有博士后 13000 人，2004 年在岗博士后总数达到 5 万多人，超过了我国 20 年来招收博士后的总和。此外，美国大学协会的调查报告显示，在生物化学领域，80% 的博士生毕业后会继续以博士后身份进行科学研究。从发达国家的经验中，童坦君总结出博士后体系不仅仅是培养人才的沃地，还是高素质人才就业压力的调节器。他指出，2006 年中国在校博士生达 208000 人，进入博士后流动站的人数仅是其中一小部分，大部分博士生毕业后即走向社会，引起了较大的就业压力，使得博士生学非所用，造成了高素质人才资源的浪费。在美国，研究人员需要经过数年的博士后训练，积累工作经验，才能申请副教授或其他相应职位，这大约需要耗费十余年的时间。但是在中国，博士生毕业两年就可以申报副高职称，导致科研单位的人才结构呈倒三角形。

其次，中国科研队伍模式存在不足。中国的科研队伍一般由四部分构成，即教师、研究生、博士后和教辅人员。教师在一个科研项目中担任着指挥员的角色。但是，国家相关部门规定教师在高校的主要任务是教学。除此之外，骨干教师还要承担申请基金、参加评审、应付检查等烦杂工作，年轻教师要参与学生管理、教学辅导等工作。此外，留给教师投入科学研究的时间所剩无几，很难保证有足够的时间亲自进行研究。童坦君特意举例说明，生命科学领域的科学研究工作常常以连续作战为特征，带有一种不能断断续续、打打停停的科研性质，这令处于科研主导地位的教师常常力不从心。

研究生直接参与科学研究，是科研工作中的一线战斗员。有人开玩笑说，"如果不招研究生，高校科研不全垮，也得垮一大半"。童坦君十分认同这种观点，他以其所在的北京大学基础医学院的一个中等水平实验室为例讲道：

> 硕士生因为刚刚接触科研工作，尚处于基础训练阶段，经验不足，很难在短时间内出成果。能够直接产出创新性结果，并且达到发表科研论文水平的大都是博士生。在博士生中，以五年硕博连读的学生出成果最丰硕。对五年制硕转博研究生来说，他们有足够的时间潜心研究，专心致志地搞科研，能够比较深入地研究科学问题的本质，产出有创新性意义的成果。而对于三年制博士生来说，他们刚刚进入研究的关键阶段时，就到了即将毕业的时候，很难有关键性的进展与成果产出。这种存在于中国大多数高校中的科研队伍模式限制了博士生充分发挥自己的潜能，如要进一步提高他们的研究水平，则要延长学制。在欧美等国，学生攻读博士的时间长达七八年的并不稀奇。在国外，庞大的博士后队伍为研究工作提供了巨大的储备作用。而在中国，基础扎实、经验丰富的博士后人员则未能发挥应有的力量。这种情况极大地限制了中国科研水平的进步以及创新能力的提高。[1]

最后，也是最重要的，中国的博士后潜力发挥不足，科研成果低于博士生，其主要原因是受到博士后管理制度中计划经济和行政管理特点的限制，教授招收博士后需要按照规定办理各种复杂的审批手续、博士后各方面的相关管理缺乏灵动性等。童坦君曾经这样描述：

> 我国博士后制度中规定的博士后在站期限为 2 年，且对户口、家属、住房有统一规定。初入站的博士后需要花半年的时间转户口、安排家属、明确研究方向、确定课题。当他们兢兢业业摸清课题门路、尚未产生出有意义的成果时，又到了出站期限，于是他们赶忙发论

---

① 童坦君访谈，2017 年 11 月 22 日，北京。资料存于采集工程数据库。

文、找工作、安排家属、办理出站手续。所以，中国的博士后很难在科研事业中有所建树，致使大部分人甚至是教授普遍认为博士后可有可无。而且博士后日后的出路并未比博士生有所改善，甚至还略差一些。再加之中国博士后名额有限，教授招收博士后的积极性不高，也很难有优秀的博士生愿意进入中国高校的博士后流动站，导致中国科研的主要力量来自研究生。这种情况阻碍了中国博士后队伍的发展，影响了博士后在中国科研领域发挥应有的作用。[①]

中国博士后制度改革的建议

针对中国博士后制度中的弊端，童坦君围绕"提高质量，稳步扩大"这一理念，本着市场化导向的基本方针，与曾益新、方精云两位院士一同向国家决策部门提出改革意见。

童坦君认为，若要做到充分、合理利用博士后资源，最先要明确博士后的定位。博士后培养与研究生的培养不尽相同。硕士生以"学习和培养"为主，博士生则是"培养与使用相结合"，博士后是介于学生身份与工作人员身份的中间状态。在"培养"博士后的同时，要强调使用、效益和产出。社会对博士后的投资并不仅仅为了将他们培养成为国家所用的人才，更是期待他们能够在重要的科学研究中创造出有意义的成果。正如童坦君所说：

> 对于博士后来说，已经没有免费的午餐，他们需要做的是在开展课题研究的过程中进行学习，边干边学，增强各项能力。博士后的课题成果与其才干增长相辅相成，若成果创新性强，则才干也增长得快。所以，在博士后的培养中重视博士后质量的提高与课题效益、产出的协调一致性，至关重要。[②]

---

① 童坦君访谈，2017年11月22日，北京。资料存于采集工程数据库。

② 童坦君访谈，2018年3月22日，北京。存地同上。

对此，童坦君建议引入竞争机制与鼓励机制。在有封顶和有保底的情况下，根据博士后的资历和业绩来确定其相应待遇。若博士后科研成果突出，则可以由导师提议逐年提高其待遇。待遇增加部分由流动站所在单位的学术委员会或行政机构批准，由导师自身科学基金的相应部分支出。通过赏罚分明的方式，激励博士后在科研领域中全身心投入，产出有价值的成果。此外，中国高校的人事晋升制度也需要与科研业绩挂钩。在美国等发达国家，只有业绩突出者才能得以晋升副教授等职位，这通常需要几年的博士后训练以及多年的工作经验，绝非易事。童坦君还建议，应聘高校新入职的教职人员必须要有博士后经历，业绩良好者优先考虑，以此提高高校教师的质量，并增加博士后投身科研的动力。

童坦君曾指出，阻碍当今中国博士后发展的主要因素是管理体制下计划经济造成的，并针对这一弊端提出了管理制度市场化的改革建议，即将"以项目为基础、以导师为核心"作为博士后管理制度市场化运作的基本理念。

> 以项目为基础，意思是关于博士后的各方面管理都要从项目需求出发，政府不再对博士学位年限、学科种类、论文发表情况等条件做过多的规定与限制。博士后招收名额和人选不再依据学科，而是由导师根据科研项目需求量与经费额度自行决定。①

在博士后制度建立之初，国家相关部门规定博士后在一个流动站的期限为两年，期满必须进入下一个站点继续进行研究。当初，这种规定是为了保持博士后人员的流动性，且一般的课题在两年内基本可以完成。但是，几十年过去了，今天中国的科研环境发生了较大变化。科研项目难度增高，特别是跨学科项目的发展，必须依靠科研团队才能够完成科研工作。两年时间对于博士后来讲，一般难以完成高难度的任务；若脱离团队进入新的流动站，未完成的课题则难以继续。针对这个普遍存在

---

① 童坦君访谈，2018年3月22日，北京。资料存于采集工程数据库。

的现实问题，童坦君建议：

博士后在站时间可以延长至3—6年，具体年限由导师与博士后共同商定。以导师为核心，就是实行导师责任制，意味着在科研工作中，导师对博士后进行一对一的指导和管理，导师可按需求决定博士后招收数目、在站时间长短以及待遇高低等。这样的管理原则有利于导师组建一个得心应手的科技尖兵队伍。①

博士后是科学研究中的主要力量，必须保证其数量的充足。中国博士后制度创建的倡议者李政道曾经说过：

大学生是教师教学生，考试答案教师知道，学生按照教师的方法去答试题，做对了就毕业，获得学士学位。硕士生毕业进入博士生阶段学习，其性质是在硕士生的基础上，导师除上课以外，给研究生列出一个研究题目。可是教师并不知道答案，让研究生自己去按导师指导的方向求知一个新的结果，如果导师与同行专家评议认定研究生的结果是对的，研究生就可以毕业，导师给研究生的毕业学位叫博士。但是，真正做研究，必须让学生学习和锻炼如何自己找方向、找方法、找结果，这个锻炼的阶段就是博士后。博士后与博士不同，博士一般只是按照导师选定的博士论文进行研究，而博士后则可以参与或承担重大科研项目研究，同时也可以根据自己的专长和爱好自行选择研究课题。

童坦君非常认可李政道的观点，并且进一步强调中国应该增加投入，为博士后营造更好的科研环境以及生活质量，吸引更多的国内外优秀博士毕业生加入中国科研队伍。同时，稳步扩大博士后规模，即博士后人员的增长速度应该与国家重点的科研项目相匹配，有目的、有选择、有重点地

---

① 童坦君访谈，2018年3月22日，北京。资料存于采集工程数据库。

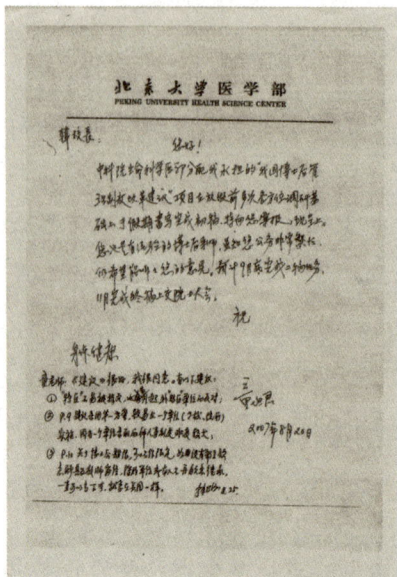

图 7-1　童坦君致信全国人大常委会副委员长韩启德院士《我国博士后管理制度改革的建议》手稿（童坦君提供）

按需扩大。

　　博士后管理制度在向市场化的转型过程中，资金来源是一个重要的影响因素。童坦君强调，单纯地依赖中央财政专项经费招收博士后无法满足博士后事业的长足发展，经费来源多元化与投资主体多元化是博士后管理制度改革的必经之路。他认为，国家、科学院、研究单位、合作导师的共同经费支持是一个很好的模式，也提倡社会与个人对博士后基金的捐助，尤其是工程等应用学科能更多地吸收各方面资金，促进发展①。

　　2017 年，北京大学全面放开博士后管理制度，基本采纳了童坦君等人提出的改革建议。希望在未来的五年内，可以看到灵活的博士后制度为大学带来的生机。

---

　　①　姚云，张爽：中国博士后制度反思与前瞻。《高教发展与评估》，2006 年第 22 卷第 5 期，第 1-7 页。

第八章
泰然助人悦生活

同事眼中的院士

在生活中，童坦君细腻，张宗玉热情，深得同事和学生的爱戴和敬慕。尤其是当身边的同事和学生遇到困难的时候，他们会及时伸出援助之手。最典型的一个事例就是北京大学医学部生物化学与分子生物学系全体教师为童坦君实验团队的孙英老师捐款治病的故事。

北医进修　初识童坦君

孙英是北京联合大学中医药学院生物化学教研室的一名教师，负责管理教学和实验工作，同时从事少量的科研工作。1987年，她到北京医学院进修，指导教师就是童坦君。孙英与童坦君的邂逅，可谓天赐良机。一方面，当时童坦君刚刚从美国留学归来，踌躇满志，带回来很多先进技术和好想法，急待转化为实验研究，事业刚好处于起步阶段的童坦君急需用

图 8-1　北京大学医学部生化楼 228 房间童坦君实验室（2017 年采集小组拍摄）

人。另一方面，孙英从事多年的生物化学实验工作，积累了比较丰富的实验室管理经验，刚好想在生物化学方面得到进一步提高，于是孙英顺理成章地成为童坦君实验室的一员。

童坦君当时主要从事肿瘤的生物化学研究，孙英在童坦君的安排下开展相应的肿瘤研究工作。当年童坦君已经 56 岁，虽然不是精力最充沛的年龄，但是他和年轻人一样，每天泡在实验室里，与大家一样辛苦地进行各种试验。孙英与童坦君的合作是愉快的。进入童坦君实验室后，孙英深深感受到这里浓厚的学术气氛，童坦君毫不吝啬地把他刚刚从美国带回来的先进技术和实验方法亲自传授给孙英，从来没有把孙英看作是"外来人"。孙英跟着童坦君边学边做，进步明显，并在童坦君指导下完成了一篇研究论文。在当时，童坦君已经是中国肿瘤学界非常有名的教授了。孙英没有想到她能够和北京医学院的大教授一起合作发表文章。更没有想到作为一个外单位的进修老师，童坦君会把她的名字列入论文作者。

我当时挺意外的，自己没觉得要在作者的名单里占据一个名字。我就是来北京医学院学习的，并没有想到有什么回报。但是童老师跟我说，"你做了工作就要有体现"。这篇文章对我后来晋升职称起了非常大的作用。[①]

天赐良机　四度回北医

1988 年，进修期满，孙英回到北京联合大学中医药学院工作。得益于 1987 年她在童坦君门下进修的经历，在此之后，孙英又三次以不同的身份和经历到北京医科大学学习，虽然并不是每次都在童坦君实验室工作，但是童坦君对孙英每次到北医来的情况都十分清楚。当孙英有了调动工作的念头时，恰逢童坦君实验室秘书的岗位空缺，而当时正处于科研快速上升期的童坦君急需一位得力的科研秘书。孙英得知这个消息后，急忙联系童坦君，并于 1997 年正式成为北医基础医学院生物化学与分子生物学系的一名教师，同时也是童坦君实验室的技术员兼科研秘书。

疾病来袭　面临生死关

孙英来到童坦君实验室工作后，一切顺利。但是 2006 年 9 月，不幸开始降临到孙英和她的家庭。首先是孙英年迈的母亲罹患肝癌，治疗费用成了孙英一家的沉重负担。祸不单行，半年后，即 2007 年 3 月，孙英被诊断出淋巴癌。高校教师的工资收入本来就不算太高，一家两位癌症患者，孙英陷入了走投无路的绝望境地。

童坦君得知此事后，及时与张宗玉商量，并叮嘱张宗玉第一时间到孙英身边安慰她。同时，想办法发动生物化学与分子生物学系的教师和学生为孙英捐款。童坦君夫妇首先带头，每人捐出 5000 元。在当时，这个捐

---

① 　孙英访谈，2017 年 4 月 7 日，北京。资料存于采集工程数据库。

款数字已经不是小数目了。之后，生物化学与分子生物学系的领导率先慷慨解囊，系主任尚永丰 ① 也带头捐款 5000 元。基础医学院的院领导和工会领导知此情况后，也发动大家积极捐款。从学系到学院，无论与孙英是否熟识，师生们纷纷伸出援手，共计捐款 9 万余元，此举令孙英和家人非常感动。更重要的是，如此众多的相识与不相识的人们慷慨相助，让孙英感觉到童坦君团队、生物化学与分子生物学系、基础医学院和北京大学医学部各界的关心，使她从绝望中看到了希望。她鼓起勇气，开始接受一系列的化疗和放疗，最终战胜了病魔。

病愈后，孙英重回到童坦君实验室。童坦君非常关心孙英，嘱咐她，"不必每天上下午都来，只要上午来实验室把基本工作完成就可以了"。对此，孙英心里有说不完的感激，她更加自觉主动地完成各种任务和工作。

图 8-2　2005 年 12 月 20 日，童坦君与教师、研究生讨论问题（左一为张宗玉，左二为孙英，左三为童坦君，童坦君提供）

---

① 尚永丰，1964 年 6 月出生于甘肃省通渭县。2002 年 4 月，任北京大学医学部基础医学院生物化学与分子生物学系主任教授，博士生导师。2009 年当选为中国科学院生命科学和医学学部院士；2010 年任天津医科大学党委副书记、副校长；2011 年 8 月任天津医科大学校长、党委副书记；2016 年 10 月任首都医科大学校长、党委副书记。

妻子眼中的丈夫

童坦君小时候生活比较艰苦，又生过几次大病，所以身材不是很高。当年引起张宗玉的关注，不是因为童坦君的身材，也不是因为童坦君的才华出众，而是因为童坦君终日埋头在实验室里搞科研，童坦君的勤奋与执着深深引起了张宗玉的注意。与童坦君相比，张宗玉性格直率，工作认真，办

图 8-3　1965 年，童坦君与张宗玉婚后的简朴生活（童坦君提供）

事麻利，能力极强。惺惺相惜的两个人因为同在一个学科工作，经常接触，年龄又相当，很快就结为连理。

童坦君向来以实验室为家，几乎没有节假日，真正是到了废寝忘食的地步，以至于张宗玉常用"站着想、坐着想、躺着还想"来形容童坦君对工作的投入。童坦君的一句"只有塌下心来才能做出学问"，把所有的生活琐事一股脑儿地推给了张宗玉，而张宗玉也总是事无巨细地尽力为童坦君营造一个清静的学术港湾。童坦君虽然嘴上不说，但是心里对张宗玉的支持是非常感激的。

张宗玉也是很有事业心的女性。1978 年年底，童坦君在张宗玉的帮助下，得到了赴美学习的宝贵机会。夫妻暂别 2 年。1981 年童坦君学成回国后不久，张宗玉凭借努力和实力也成功申请到赴美进修访问的机会。夫妻刚刚团聚，又要离别。临行前，张宗玉曾有些动摇，毕竟两个女儿的年纪还小，生活上也需要母亲的照顾。童坦君深知国外学习的重要性，为了妻子的发展前途，不善言语的他坚决支持张宗玉赴美深造，并向张宗玉保证一定把生活料理好、一定把两个女儿照顾好。1990 年 9 月，张宗玉晋

图8-4　1975年童坦君、张宗玉夫妇与两个女儿在北京医学院内合影（童坦君院士提供）

升为北京医科大学生化系教授；1991—1992 年，收到美国托马斯杰弗逊医学院生化系研究访问的邀请，童坦君又是第一时间给予绝对支持。他鼓励张宗玉，身为教授更应该到国外多学习、多交流，把最新的知识和技术带回国，才能培养出优秀的研究生、带出优秀的科研团队。

　　在工作中，童坦君更多地成为妻子的智多星。童坦君第一次赴美，敏锐地发现了衰老研究的巨大潜力，尤其是当时中国对衰老机制的研究尚属空白。因为童坦君当时在刘思职门下从事肿瘤研究，无法快速转换新方向，于是他建议张宗玉把握住衰老研究的方向。张宗玉没有辜负期望，做出了有关衰老的基础研究，为日后与童坦君合作研究衰老机制打下了基础。

　　童坦君与张宗玉一生相扶，对各自学术成就有积极的促进作用。事业上，他们是同行，经常相互支持；生活上，他们简朴一生，没有奢求。童坦君性格内敛，张宗玉性格外显，两人一内一外形成了鲜明反差。夫妇二人的完美结合，不仅成就了事业上的成功，而且相互弥补，使他们后来成为让人羡慕的一对教授夫妻。步入老年，做健康老年人成为他们共同的目标。童坦君喜欢快速走路和爬楼梯，说是既锻炼了身体又节省时间，而周末抽出时间去登香山已算是奢侈的放松和享受了。这就是童坦君和张宗玉简单快乐的生活。

妹妹眼中的兄长

　　童坦君一家兄妹四人，童坦君作为兄长，下有大妹童梦芙、小妹童立群和小弟童士尹。因为小弟、小妹与童坦君年龄相差很多，对童坦君工作生活所知不多，而童梦芙只比童坦君小了两岁。提到这位兄长，同父异母的妹妹童梦芙充满了自豪和敬佩。

"文化大革命"期间，我父亲受到冲击，家庭经济发生困难，哥哥（童坦君）就按时给我们三个兄妹和继母陈履平寄生活费。

20世纪80年代，哥哥在美国留学时，对我们弟妹非常关心。他生活非常节俭，把省吃俭用的零用钱给

图8-5　1962年，童坦君（后排右二）与父母兄妹合影（童梦芙提供）

我们买彩笔、录音机等学习用品，邮寄给我们，当时这些东西是非常珍贵的礼物。哥哥对父母更是关怀备至，给家中买了一个双门大电冰

图8-6　1990年，童坦君（前排右一）在上海家中与兄妹合影（童梦芙提供）

箱，如今 30 多年过去了，这台电冰箱还在使用。

我和哥哥是同父异母的兄妹。父亲生前就对我们说，别看你们的哥哥个子不高，他可是一个硬汉子。父亲说得很对，哥哥毕业工作后，父亲就不再负担哥哥生母的生活费了，更不用说哥哥自己的生活费了。也就是说，哥哥从工作的那天起，不仅要开始自己养活自己，同时还要负担起自己生母的全部生活费用。哥哥一点儿怨言都没有，一直负责到生母去世。所以父亲事后提起这件事情，对大哥是既称赞又感到愧疚。

哥哥就是这样一个只有付出、不图回报的好哥哥，他是我们弟妹心中的学习榜样。

结　语
潜心治学　坦荡人生

尊重历史　不忘初心

　　每次采访童坦君院士的时候，每当谈起中国生物化学的发展，童坦君总会提起吴瑞先生，每每表达出由衷的敬佩。童坦君对前辈学人的尊敬不是空口说出的，而是发自内心的真情表达。当采集小组问及童坦君院士CUSBEA 项目对中国生物化学的贡献时，他深情地说：

　　　　吴瑞教授的贡献实在是太大了，而且为了这个项目，吴瑞付出了很多心血。他走访了很多美国知名的大学，用他的学术影响与美国大学谈条件，为中国学子出国深造创造条件。①

　　童坦君对前辈学者的敬仰还体现在他对后辈学生的教育中。在童坦君成为学术领域的专家后，他开始领衔编写专业教程。在 2003 年由其主编的《生物化学》教材中，童坦君不忘将我国医学生化创始人吴宪的事迹收录在教材中，专门用一整页的篇幅介绍了吴宪的贡献。2003 年，Advances

---

　　① 　童坦君访谈，2017 年 11 月 22 日，北京。资料存于采集工程数据库。

in Protein Chemistry[①] 第 47 卷发表了美国哈佛大学教授、著名生物化学家、蛋白质研究专家 J. T. Eddsall 教授的文章《吴宪与第一个蛋白质变性理论（1931）》，对吴宪的学术贡献给予极高评价，并将吴宪教授 64 年前的研究成果全文刊登。童坦君认为一篇在 1931 年发表过的论文在 1995 年仍然在第一流的丛书上重新全文刊登，再次证明吴宪教授提出的理论具有高度的学术价值。立足国内、走向世界是我们应该向吴宪教授学习的第一点。我们应该向吴宪教授学习的第二点是他严谨的治学态度和实事求是的科学作风。吴宪父子在我国生物化学教学、研究和人才的培养方面卓有建树。刘思职、邹承鲁院士等前辈都对吴宪先生的贡献推崇有加，年轻人也应该牢记前辈科学家的贡献。但是让童坦君有些失望的是，在生物化学博士生入学面试时，有些考生竟不知吴宪其人、遑论其事。

童坦君对自己的研究生导师刘思职也是念念不忘。虽然童坦君因为浓重的方言不能带给学生们满意的生化课，但是他记住导师刘思职嘱托——要编写出适合中国学生的生物化学教材，并用自己毕生的经历践行导师的嘱托。

工作中的细微之处体现了童坦君对前辈学者的尊重。童坦君经常说，"我们今天的进步是在前人的基础上完成的，所以一定不能忘记历史，不能忘记前辈。"在童坦君担任主编的 2003 年版《生物化学》教材中，他大胆地增加了医学生物化学大事记与分子生物学大事记两个附录。这在中国生物化学与分子生物学教材中是罕见的创举。谁说自然科学家缺少人文历史知识？！科学都是相通的，只有文理兼备的学者才能做出漂亮的科学研究，并能够把专业的学术语言转化为通俗易懂的大众语言。童坦君即是这样的人才。

勤思敏学　学术平等

子曰："学而不思则罔，思而不学则殆。"童坦君的成功有诸多原因，其中善于思考、不断学习是其成功的重要因素。他抓紧一切时间进行思

---

① Advances in Protein Chemistry 是蛋白质研究领域国际上最有权威性的综述性丛书。

考，正如妻子张宗玉所说，"站着想、坐着想、躺着还想"，一切可以利用的机会都在思考。思考使童坦君把握了科学研究的方向，捕捉到世界最先进的研究方法，成为学术团队的灵魂人物。童坦君不仅自己学习，而且鼓励身边的人只要有机会都要主动去学习，所以当妻子申请到国外访学的机会时，他责无旁贷地支持。对于身边的同事和学生，他也是鼓励和支持大家有机会就要深造。

通过不断努力，童坦君迎来事业上的不断发展，但即便已经是生物化学方面的大专家，在师生面前，他依然待人平和，尤其是讨论科学问题时强调学术平等，鼓励年轻人敢于说出自己的创见，但又不失权威的判断。童坦君带出一批又一批研究生，有的学生毕业后留校任教。当童坦君再见到昔日的学生时，总是称呼"某某老师"。学生张晓伟回忆道：

> 当童老师见到我，称呼我为张晓伟老师的时候，我非常不好意思。我对童老师说，"您就直呼我的名字吧，我永远都是您的学生。"而童老师却说："不行，你现在也是老师了，我要对你尊敬，这样也便于你在学生面前树立威信。"[①]

童坦君不仅尊重身边的同事，对于自己指导的研究生也是谦和有礼。由于实验室多次搬家，童坦君团队最早的科研记录本已经无法找到，但从现存的科研记录本依然可以看到学生们在童坦君团队的成长轨迹。哪位同学认真，哪位同学辛苦，从科研记录本中就可以得到反映。吕翠翠4本，谢楠3本，王晖3本，赵干业1本，沈红1本，这是2017年年初从童坦君实验室看到的研究生科研记录。对于每一位学生的每次实验记录，童坦君都在学生提交记录本后给出及时的评语，评语中有批评、有表扬、有质疑、有讨论。遇到工作不尽如人意的情况，童坦君对学生的用词虽然会严厉，但严厉中依然透出平等和尊重。

---

① 张晓伟访谈，2016年10月25日，北京。资料存于采集工程数据库。

宁心致远　献身衰老

北医的生化楼是一座始建于 20 世纪 50 年代的苏联式建筑。这座红砖楼不仅见证了北医的历史，而且记录着童坦君夫妇一起工作的平凡时光。日复一日，年复一年，童坦君从一位青年学生成长为大学教师，从一名普通的科研人员成长为生物化学专业的领航人，从小助教到大教授、最后到科学院院士，童坦君的成功体现了踏踏实实科研的足迹、本本分分做人的结果。

童坦君不仅把青春留在了北医生化楼，而且耄耋之年仍每天坚持准时上班，有时候比年轻人还要提早进到实验室。

晚年的童坦君从事衰老研究更是心无旁骛，他一心想把北医的衰老研究持续开展下去，并始终保持在全国领先地位。大家理解老院士的心思，也都全力以赴、默默支持。童坦君则更是老当益壮，就像他自己在多个场合做演讲时所说，研究衰老是为了老而不衰，即便老年到来也能够为国家有所贡献。他不仅这样说，而且这样做，以实际行动显示出一位研究衰老的科学家如何把自己的研究付诸实际行动中。

拓展科学　彰显责任

从肿瘤研究转向衰老研究，不仅紧跟世界前沿科学发展，而且符合中国发展的时代需要，更彰显出科学研究中的哲学思维。童坦君在学术起步阶段研究细胞过度生长导致的肿瘤问题，20 世纪 90 年代以后则转向细胞凋亡的衰老研究。在学术转型的过程中，童坦君搞清了细胞活动两个极端现象造成的截然相反结果的原因，在衰老基因、端粒酶、衰老机制这些关键问题取得重要发现后，他认识到找到细胞在肿瘤与衰老之间的最佳调控点至关重要，这应该也是保持健康老年的最佳节点。科学研究中蕴含着哲学思辨。因此，童坦君鼓励科研人员多读书、广读书，掌握多学科的知识，团结合作，才能在新世纪做出好的科研成果。

童坦君不仅个人科研工作突出，而且时刻心系祖国，希望有更多的科研人员能够在祖国的土地上大展宏图。童坦君是我国第一个获得海外博士后证书的学者，博士后经历和在国外的所见所闻使他深深感受到美国博士后制度的优越性。虽然中国在 1985 年逐步确立了博士后制度，但是受计划经济的影响，很多现行制度和政策束缚了中国博士后制度的发展，使中国的博士后培养在数量和质量方面都不及国外。童坦君看在眼里、急在心上。他通过充分调研，联合曾益新、方精云两位院士编写了关于《我国博士后管理制度改革的建议》，得到有关部门的采纳。在童坦君工作的北京大学目前已经全面实施博士后改革工作。童坦君由衷地希望通过博士后制度改革培养出大量优秀的博士后，逐步培养出我国可与世界先进国家形成科研竞争的后备力量。

童坦君对年轻的大学本科生也是充满期望。只要有机会接触这些年轻人，童坦君总是语重心长地叮嘱，"一定要打好基础，把专业知识牢固掌握"。叮嘱之余，不忘以长辈的经历鼓励年轻人大胆开拓、敢于创新。童坦君虽然是一位实验室科学家，但是他的理想没有局限于小小的实验室，他要创造具有国际竞争力的科研成果，他要培养具有国际竞争力的科研人才。童坦君坚信，"少年强则中国强"，他希望在年轻人中涌现出想做"将军"的好士兵。

科学家强烈的社会责任感使古稀之年的童坦君开始组织人力创建科普网站。以此为标志，童坦君的科学志向穿过实验室的科学团队跨越到社会的公众领域。童坦君希望通过他的努力，使公众更多地了解衰老科学，所以他的科学传播思想是以科学为准绳、以科学带动普及，因此即使在网站运营经费紧张的情况下，童坦君也不接受商业赞助。记不清有多少商家要借院士的名气打广告，也记不清有多少企业高薪邀请，都被童坦君一概回绝了。他要做纯粹的科学家，他的科学普及思想也不被任何商业利益所诱惑。

淡泊名利　广阔胸怀

科研之路从来都是坎坷崎岖、荆棘丛生的，没有勇于拼搏的精神和坚忍不拔的毅力，永远走不到真理的尽头。童坦君取得今天的杰出成就和荣誉无不源于他百折不挠、勤奋钻研的进取精神。熟悉童坦君的人都知道他不善言辞，是个踏踏实实干事业的学者。且不说年轻求学时如何争取点滴时间孜孜以求，就是已然获得院士称号的今天，耄耋之年的童坦君仍然兢兢业业征战在探索衰老奥秘的科研道路上。

童坦君一心一意从事科学研究，对个人名利看得很轻。他总是把集体的荣誉置于首位，把成绩归功于同事、下属和学生，而把自己的成功说成是运气和偶然。凭借在衰老基础医学研究中的卓越贡献，2012 年童坦君获得北京大学"国华杰出学者奖"，他毫不犹豫地将 50 万元奖金全部捐赠给了学校，用于设立优秀青年教师基金，目的是鼓励科研和教学中表现杰出的青年教师。

与之形成鲜明对比的是，童坦君的日常生活一直非常俭朴。如今虽然有了优裕的经济条件，但童坦君依旧把有限的精力全部投入到热爱的科研事业中，无暇顾及个人生活上的改善和享受。喝茶用的搪瓷茶缸印着大红"囍"字，据说这个搪瓷茶缸是许多年前的奖品。童坦君家里的陈设有的还是五六十年代的老家具。童坦君与张宗玉夫妇衣着朴素、不求奢华，童坦君的一件衣服一穿就是几年甚至十几年。"勤勤恳恳做人，踏踏实实做事"是童坦君的座右铭，它曾伴随着童坦君衰老基础医学科研事业中的每一步，同时也将鞭策着一代又一代年轻科研工作者在科学道路上前赴后继、开拓奋进。

附录一 童坦君年表

1934 年

8 月 15 日，出生于浙江省慈溪县（现宁波市江北区）。

1938 年

罹患佝偻病。随后父亲寄钱买鱼肝油，得以治愈。

1939 年

病愈后在家休养。

1940 年

小学一年级。因日军进攻和霍乱流行，被迫搬家至宁波。

1941 年

小学二年级时。

宁波沦陷，与母亲的生活受到严重影响。

1942 年

赴上海，投奔父亲，借宿于父亲的外婆家中。

报考上海清心小学三年级，但因作文成绩不佳，未能考上。

1943 年

再次以二年级身份入读上海清心小学，直至 1947 年毕业。

1948 年

考入上海市立育才中学，就读初中一年级。

1949 年

就读于上海市立育才中学初中二年级。因罹患肺结核休学。

5—9 月，在红十字会医院（现华山医院）住院，因使用链霉素致听力受损。

1950 年

因罹患肺结核休学家中。

阅读了大量的文学作品，包括《鲁迅全集》《明史》《史记》以及一些小说演义类的读物。对文学的兴趣日益浓厚，甚至产生了报考大学文科的念头。

1951 年

病愈，以同等学力报考上海市成都路光实中学，就读高中一年级，直至 1953 年高中毕业。

1954 年

考取北京医学院（今北京大学医学部）医疗系专业。

1955 年

就读于北京医学院医疗系一年级，直至 1959 年大学毕业。

大学期间，童坦君在学习俄语的同时，凭借中小学时期的英语基础，靠一部英汉词典自学完成英文版《内科学纲要》。

1959 年

夏，因患肝炎，从北京医学院医疗系延迟两个月毕业。通过录取考试，成为该校生化专业研究生。

秋，师从我国生物化学专业奠基人之一——刘思职院士（当时称"学部委员"），开始攻读生物化学专业研究生。

1963 年

与张宗玉结为终身伴侣。

12 月，提交研究生毕业论文《DAB 肝癌大鼠的肝解毒研究》。

母亲黄晓菊因中暑去世，享年 49 岁。

1964 年

与导师刘思职在《北京医学院学报》发表论文《肝癌大鼠的氨解毒研究》。

研究生毕业，担任北京医学院生物化学教研室助教。

1965 年

与导师刘思职在《生物化学与生物物理学报》发表论文《肝癌大鼠的氨解毒及解毒机制的初步研究》。

1966 年

"文化大革命"期间，下乡接受贫下中农再教育，正常的教学和研究中断，直至 1971 年。个人坚持阅读有限的英文文献。

3 月 16 日，大女儿童备出生。

1969 年

5 月 15 日，小女儿童峥出生。

1972 年

北京医学院开始招收工农兵大学生。在参加教学之余，利用闲暇时间潜心阅读英语文献与专业书籍，为日后公派留美选拔的英语考试打下了较好基础。

1975 年

在《科学通报》发表论文《蛋白质的生物合成》。

1976 年

在《国外医学：肿瘤学分册》发表论文《抑素与癌》。

在《北京医学院学报》发表论文《抑素——内源性组织特异的细胞增殖抑制物》。

1977 年

赴美学习，师从华裔科学家曹安邦。

1978 年

8 月，教育部通过外语考试在全国范围内选拔留学生。以英语口试满分的优异成绩顺利通过选拔考试。

11 月，被提升为讲师。

12 月 26 日，作为 52 名访美学者之一，登上前往美国的飞机。

与张昌颖共同发表论文《哺乳动物体内蛋白质生物合成的调节》于《生物化学与生物物理进展》。

与陈明共同发表研究论文《体液的抑癌活性》于《中国科学》。

独立写作的《蛋白质生物合成》在《生物化学》第一版中刊出。

1979 年

5 月，成为中国生物化学学会第一批会员。

邓小平同志访美并在中国驻美使馆亲切接见了包括童坦君在内的首批赴美留学生。

在美学习三个月英语之后，到约翰·霍普金斯大学进行学习研究，师从华裔生物物理学家曹安邦。在约翰·霍普金斯大学第一次看到了当今分子生物学研究必备的微量移液器、超净工作台和二氧化碳孵育箱等设备，研究干扰素对细胞生长的影响。

赴美期间，发现美国虽已建立了衰老研究的专门机构，但这方面的研究还处于起步阶段。

与张迺蘅共同发表论文《哺乳动物信使核糖核酸的结构与功能》于《生理科学进展》。

与陈明共同发表论文 Cancer-suppressive activity of biological fluids 于 *Scientia Sinica*。

1980 年

以博士同等学力申请美国国立卫生研究院的博士后奖学金，获得 17000 多美元资助。在美国食品药物管理局下属的生物制品署生物化学与生物物理研究部刘德勇教授实验室从事肿瘤血管生长因子与燕窝糖肽的研究。

在《生物化学与生物物理进展》发表论文《抑素》。

与周爱儒、陈明共同发表论文《体液抑癌活性的专一性》于《中国科学（B辑）》。

与张宗玉共同翻译出版史密斯（A.E.Smith）的著作《蛋白质生物合成》。

1981 年

作为美国国立卫生研究院访问学者，获得 NIH 颁发的博士后研究结业证书，成为第一批获得美国政府奖学金的中国学者之一，同时也是我国第一批获得美国 NIH 博士后结业证书的中国学者之一。同年回国。

夫人张宗玉赴美，在美国国立卫生研究院进行学术访问。

1982 年

担任北京医学院生化教研室代理副主任。

夫人张宗玉从蛋白质入手开始衰老的动物实验研究。

1983 年

8 月 18 日，研究生导师刘思职院士去世。

1985 年

升任北京医科大学副教授。

担任《国外分子生物学分册》编委。

1986 年

赴美国加州大学戴维斯分校、美国纽约大学等地访问交流，发现美国虽已设立了研究老年医学的专门机构多年，但研究深度远逊于癌症研究。

11 月，担任《生理科学进展》常务编委。

1987 年

在北京国际生物化学会议上进行"Study on tyrosine-specific phosphorylation of 3H TdR-transformed C3H T1/2 Cl 8"的学术报告。

第二次赴美，在纽约参加纪念 CUSBEA 5 周年的留美学生和学者学术讨论会。

1988 年

5 月，在美国佛罗里达视觉与眼科研究协会年会上报告"Stimulation of protein phosphorylation by a lens DNA binding protein，RF-36"的研究成果。

6 月 15 日，加入九三学社。

9 月，升任北京医科大学正教授。

在《组织化学与细胞化学杂志》会议上报告"Age-associated activity alteration of Na+-K+ ATPase in erythrocytes and brain cells of mice"。

开始涉足老年医学研究。

1989 年

8 月，在首尔参加第五届 FAOB 会议，担任会议主席。进行"Tritium-transformed fibroblast growth control of peptide growth factors"的学术报告

9 月 10 日，因在教学领域做出的突出贡献，受到北京市高等教育局与北京市教育工会表彰。

1990 年

10 月 5 日，获得博士生导师资格。

1991 年

正式开始从事老年医学基础研究。

成为《中华医学杂志》编审组成员。

12 月，成为中国癌症研究基金会学术委员会委员。

在《细胞生物化学杂志》会议上进行 "Responsiveness of tritium transformed fibroblast to epidermal growth factor and platelet-derivered growth factor"的学术报告。

1992 年

6 月，在第 8 届癌基因年会上进行 "Stimulation of c-erbB/nue expression by epidermal growth factor in transform and aging fibroblast"的学术报告。

10 月，作为突出贡献专家获国务院颁发的政府特殊津贴。

10 月 31 日，任九三学社北京市委教科文委员会委员。

担任京港学术交流中心学术评审员。

1993 年

开始研究端粒和端粒酶（尤其是它们与细胞衰老的关系），获得 58 万元的国家自然科学基金重点项目资助。其间，系统研究分析了端粒长度和

细胞年龄之间关系以及不同性别、不同种族人群端粒缩短速度的差异，建立了一套用于评估细胞衰老和抗衰老药物筛选的定量指标。

在张昌颖主编的《核酸的生物化学》中撰写了《蛋白质生物合成》一章。

9月，获北京市普通高等学校优秀教学成果奖一等奖（排名第二）。

1994 年

被美国传记研究院评为"1994 年度人物"。

经卫生部批准，北京医科大学老年医学研究中心成立。

4月，担任中国老年保健医学研究会常务理事。

在《细胞生物化学杂志》会议上进行"Heterogeneous methylation of liver DNA in aging rats"的学术报告。

1995 年

1月，任中华医学会北京分会老年病专业委员会委员。

2月27日，受聘为北京大学生命科学学院兼职教授。

5月，"表皮生长因子对原癌基因的调控作用"获得国家教育委员会科技进步奖二等奖（排名第一）。

6月，在美国举办的第 11 届癌基因年会上进行"Stimulation of p34 cdc kinase and gene expression of cln1，cln3 by epidermal growth factor in mouse fibroblast cell line C3H/10 T1/2 CI 8"的学术报告。

10月，与张宗玉共同主编的《医学老年学——衰老与长寿》由人民卫生出版社出版。

担任北京市自然科学基金委员会医药学科评审组评审委员。

1996 年

10月16日，应中国医学科学院、中华医学会及中华医学杂志编委会邀请，作为学术委员出席中国第二届人类基因诊断、治疗与预防学术会议。

11月，获国防科工委光华科技基金奖三等奖。

11—12 月，作为王宽诚教育基金会讲座学者赴香港，在香港大学医学院与香港中文大学作学术交流。

担任国家自然科学基金委员会第六届学科评审组成员。

担任国家自然科学基金委员会细胞生物学发展战略评审组成员。

在美国举办的第 12 届癌基因年会会议上进行 "Detective of aberrations of c−erbB2 gene in human gastric cancer and tumor suppressor activity of c−erbB2 antisense recombinant vector in human gastric cancer cell line" 和 "C−fos and c−myc response to growth factor decrease in senescent diploid human fibroblasts may related to transcription factors" 学术报告。

1997 年

担任北京医科大学博士生导师评审专家组成员。

6 月，在美国第 13 届癌基因年会上做 "Methylation of proto−oncogenes in cell aging, apoptosis, and induction by epidermal growth factor" 的学术报告。

11 月 10 日，担任国务院学位委员会 1997 年博士和硕士点通讯评议专家组成员。

1998 年

《医学老年学——衰老与长寿》获卫生部医药卫生科技进步奖三等奖。

担任国家自然科学基金委员会第七届学科评审组成员。

1999 年

1 月，"细胞衰老的分子机理" 研究获得教育部科技进步奖二等奖（排名第一）。

6 月 22 日，被中国科学院推选为沙特阿拉伯费塞尔（Faisal）国际医学奖候选人。

10 月，担任中国生物化学与分子生物学报第 4 届编委会常务编委。

12 月，与张迺蘅共同主编的《医学分子生物学》出版。

承担 "973" 项目 "细胞重大生命活动的基础与应用研究" 的子课题 "与衰老相关基因或基因群的克隆与功能研究" 部分任务，获得 53 万元基金支持。

担任国家科学技术进步奖评审委员会通讯主审员。

2000 年

1 月，"衰老的细胞与分子机理研究" 获国家自然科学基金重点项目 90 万元资助。

4 月，评为北京大学 A1 级教授。

4 月 6—7 日，担任国家重点基础研究发展规划基础科学前沿综合评审会议专家组成员。

6 月 4—8 日，在波士顿举办的美国实验生物学会联合会会议上进行 "Instability of p16^{INK4a}-related microsatellites in replicative senescence of human diploid fibroblast" 学术报告。

10 月，担任中国老年保健医学研究会第二届理事会常务理事。

10 月 31 日—11 月 3 日，担任卫生部 "九五" 科技攻关计划肿瘤组专家。

11 月 24 日，担任中国科学院生物学部 "中国人口老龄化问题及其对策" 咨询组成员，被中国科学院推选为费塞尔国际医学奖候选人。

入选美国 Marquis《世界名人录》（第 18 版）。

父亲童瑞泉因肺癌去世，享年 86 岁。

2001 年

3 月 1—22 日，担任国家重点实验室及部门开放实验室评估专家组成员。

5 月 30 日，担任中华医学会中华医学科技奖和中华医学青年奖评审委员会委员。

7 月 1—6 日，在第 17 届国际老年学协会大会上进行 "Responsiveness of p21^{WAF1} to EGF decreased in old cells" 学术报告。

11 月 19 日，担任中国老年学学会衰老生物学委员会副主任委员。

12 月，"细胞衰老过程中基因的结构与功能变化"获北京市科学技术进步奖二等奖（排名第一）。

在美国《生物化学杂志》发表 Characterization of Regulatory Elements on the Promoter Region of p16^{INK4a} that Contribute to Overexpression of p16 in Senescent Fibroblasts 和 Senescence Delay of Human Diploid Fibroblast Induced by Anti-sense p16^{INK4a} Expression 两篇文章，受到国际医学界的高度关注。上述文章均获 2001 年度北京大学医学部优秀 SCI 论文奖。

2002 年

1 月 2 日，与张宗玉在 301 医院作报告《衰老相关基因》。

12 月，"细胞衰老与基因功能状态相互关系的研究"获中华医学科技奖二等奖（排名第一）。

2003 年

1 月 25 日，《北大医学部科学家初步揭开人类细胞衰老之谜》被评为"两院院士评选振邦杯 2002 年中国十大科技进展新闻"之一，并在当日公布的"2002 年公众关注的中国十大科技事件"评比中名列榜首。

3 月 5 日，"人类细胞衰老主导基因 p16 作用机制及其负调控"入选 2002 年"中国高等学校十大科技进展"（排名第一）。

3 月，著作《生物化学——五年制全国高等医学院校教材》由北京大学医学出版社出版。

3 月，被评为"2002 年北京市教育创新工程"标兵。

12 月，在衰老研究中心刘新文副教授的协助下，创办中华健康老年网（http://age.bjmu.cn/），免费向社会提供衰老中心的最新研究成果以及国际衰老医学的前沿进展，为老年朋友们创建一个了解抗衰延寿知识的科普平台。

2004 年

3 月，北京大学衰老研究中心正式成立，由北京大学基础医学院、生命科学院、人口研究所和北京大学第一医院、人民医院、第三医院、精神卫生研究所的众多专家共同参与组建，中心主任由童坦君担任。

4月27日，担任中国老年学学会衰老与抗衰老科学委员会副主任委员。

5月，作报告《二十一世纪——人活百岁不是梦的世纪》。

6月，在第20届癌基因年会上进行"Is impression intensity of HER-2 a significant factor in apoptosis of human cancer cell？"的学术报告。

10月，退休。

10月，担任《老年心脏病学杂志》编委会成员。

10月29日，在西安举办的医学生物化学与分子生物学学术会议上作报告《分子生物学在老年病研究中的应用》。

12月，指导博士生汪维完成的博士论文《人成纤维细胞衰老过程中 p16^{INK4a} 的转录调控》获2004年度北京大学优秀博士学位论文二等奖。

2005 年

1月13日，论文 Expression of the Leo 1-like domain of replicative senescence down-regulated Leo 1-like（RDL）protein promotes senescence of 2BS fibroblasts 获2005年度北京大学医学部优秀 SCI 论文二等奖。

9月3日，在九三学社建社60周年表彰活动中被评为中央委员会优秀社员。

9月22日，与 Song-Yu Yang 博士通信，信中评价了 Yang 博士关于阿尔茨海默病和帕金森综合征的文章。

10月，担任中国老年保健医学研究会第三届理事会常务理事。

11月13日，当选中国科学院生命科学与医学学部院士。

"细胞衰老的生物学年龄指征"获北京市科学技术奖一等奖（排名第一）。

2006 年

3月，复聘为北京大学医学部现职教授。

4月8日，在九三学社北京市委员会成立55周年"创优争先"活动中获优秀社员奖和突出贡献奖。

4月，担任第12届和第13届中国青年科技奖评审专家。

6月，担任北京大学医学部第二届学术委员会顾问委员。

6月，与张宗玉合著的《健健康康活百岁 有滋有味过百年》由北京大学医学出版社出版。

9月，与张宗玉合著的研究论文《人类细胞衰老主导基因p16作用机制及其调控》获2006年度老年学学术高峰论坛优秀论文一等奖。

12月，指导的博士学位论文《Id1、E47和Ets1对p16^{INK4a}基因表达和人成纤维细胞衰老过程的调控》获2006年度北京大学优秀博士学位论文三等奖。

12月，担任细胞增殖及调控教育部重点实验室学术委员会委员。

12月，与张宗玉合著的《医学老年学》（第二版）出版。

与中山大学曾益新院士、北京大学方精云院士共同牵头，在中科院成立《关于改革博士后制度和壮大博士后队伍的建议》咨询项目组。

2007 年

1月25日，"细胞衰老相关基因与p16基因调控研究"获教育部高校自然科学一等奖（排名第一）。

2月，担任中华医学科技奖第2届评审委员会委员。

7月，担任中国青年科技奖医药卫生组评审专家。

10月，研究论文《人类细胞衰老主导基因p16作用机制及其调控》获首届中国老年学学术成果奖（排名第一）和第八届亚洲、大洋洲老年学和老年医学大会中文论坛优秀论文奖（排名第一）。

承担国家"973"项目课题"细胞复制性衰老的机制"，获630多万元资助。课题围绕细胞复制性衰老的分子机制，从多角度、多层次解析细胞衰老的分子途径，为延缓细胞和个体衰老提供了理论和实验依据。累计发表研究论文32篇，其中SCI收录论文26篇。

2008 年

7 月，担任第二届全国高等医学院校临床专业本科教材编审委员会委员和临床专业本科教材《生物化学》（第二版）主编。

9 月，担任载人航天工程重大专项论证评估委员会委员。

在 *PLoS One* 发 表 SIRT1 overexpression antagonizes cellular senescence with activated ERK/S6k1 signaling in human diploid fibroblasts，同月被 *Nature China* 选为"科研亮点"，并以《细胞衰老，永葆青春》为题进行了评论和介绍。

2009 年

1 月，"PPAR accelerates cellular senescence by inducing p16^{INK4a} expression in human diploid fibroblasts"（《PPAR 诱导人二倍体成纤维细胞 p16^{INK4a} 表达加速细胞衰老》）获北京大学基础医学院 2008 年度优秀 SCI 论文二等奖。

2 月 16 日，担任中国老年学学会衰老与抗衰老科学委员会理事，任期三年。

2 月，"细胞、器官衰老的分子机制研究与个体化衰老评估的建立及应用"获北京市科学技术奖一等奖和中华医学科技奖一等奖。

3 月，担任北京大学基础医学院学术委员会委员。

3 月 31 日，经多次会议、多位专家讨论和论证，历时两年余完成的《关于改革博士后制度和壮大博士后队伍的建议》被纳入中国科学院加强高层次人才培养制度创新有关建议，并报呈国务院。

4 月，担任九三学社第十三届中央委员会院士工作委员会委员。

5 月 9 日，在第二届全国衰老与抗衰老学术大会上作报告《加强"环境对衰老影响"的研究——关注适度节食与适量运动影响基因及其产物的着力点》。

6 月　担任北京大学校学术委员会委员。

8 月，与李刚合著的《生物化学》（第二版）由北京大学医学出版社出版。

2010 年

1 月，担任国家重大科学研究计划项目"基因组稳定性和细胞周期调控相关蛋白质群的功能及作用机制研究"项目组专家组成员。

5 月，担任中华医学会老年医学分会第七届委员会老年基础医学专业学组顾问。

7 月 25 日，与夫人张宗玉教授在首都科学讲堂共同为北京市民讲授有关衰老的科普知识，向广大市民介绍多位长寿老人以及他们自己的养生经验和体会，并回答听众提问。

9 月，担任协和转化医学中心专家指导委员会委员。

10 月 31 日，在海峡两岸生命科学发展研讨会医药分会上作报告《适度限食、适量运动对衰老进程的影响》。

11 月 29 日，"衰老的分子调控机制及个体化衰老评价的创建和应用"获国家科技进步奖二等奖（排名第三）。

11 月，担任《中国生物化学与分子生物学报》第 6 届编委会顾问。

2011 年

1 月 1 日，担任《中国医药科学》杂志顾问。

1 月 10 日，主编的《医用生物化学》（初版）由台北合记书局出版。

3 月 3 日，参加肿瘤医学重点实验室（第四军医大学）现场检查评估会议。

6 月，担任卫生部老年医学重点实验室第二届学术委员会主任。

12 月，"WWP1 delays cellular senescence by promoting p27kip1 degradation in human diploid fibroblasts"（《WWP1 通过促进人二倍体成纤维细胞 p27kip1 降解延缓细胞衰老》）获北京大学基础医学院 2011 年度优秀 SCI 论文二等奖；"Transcriptional activation of the senescence regulator Lsh by E2F1"（《E2F1 对衰老调节因子 Lsh 的转录激活》）获北京大学基础医学院 2011 年度优秀 SCI 论文三等奖。

12 月 21 日，在香山会议上作主题报告《老年生物学研究动态》。

2012 年

6 月，担任中国老年保健医学研究会专家委员会顾问。

10 月 24 日，应邀参加北京大学医学部百年庆典系列活动——基础医学院大师讲坛并讲话。

12 月 3 日，获北京大学 2012 年度国华杰出学者奖。

12 月，"Nucleolar protein CSIG is required for p33ING1 function in UV-induced apoptosis"（《核仁蛋白 CSIG 是 p33ING1 在紫外线诱导细胞凋亡中发挥作用所必需的》）获北京大学基础医学院 2012 年度优秀 SCI 论文二等奖；"Irreversible cellular senescence induced by prolonged exposure to H_2O_2 involves DNA-damage-and-repair genes and telomere shortening"（《长期暴露于 H_2O_2 诱导的不可逆细胞衰老涉及 DNA 损伤修复基因和端粒缩短》）他引 45 次并获北京大学基础医学院 2012 年度 SCI 论文引用奖。

12 月，担任武警部队高层次科技人才培养对象评鉴委员会执行委员。

担任杭州师范大学衰老研究所荣誉所长。

2013 年

1 月 22 日，担任北京大学医学部睡眠医学中心顾问。1 月，担任《北京大学学报（医学版）》第九届编辑委员会顾问。

2 月，与张宗玉共同向北京大学基础医学院捐款 50 万元，用于设立两年一次的青年教师科技成就奖。

3 月 12 日，受邀撰写"十二五"国家重点出版项目、国家出版基金《中国医学院士文库·童坦君院士集》，后由人民军医出版社出版。

4 月 8 日，担任"北京学者计划"专家委员会专家委员，参与北京学者的选拔和指导工作。

6 月，因教学贡献获北京大学医学部桃李奖。

12 月，担任北京大学基础医学院学术委员会委员。

被评为 2013 年北京大学基础医学院创新人才优秀指导老师。

继母陈履平因哮喘和肺气肿去世，享年 90 岁。

2014 年

1 月 2 日，与美国耶鲁大学 Patrick Sung 教授通信，在信中向 Sung 教授推荐学生王维斌进入其实验室进行博士后研究。

3月3日，担任中科院生物物理所衰老研究中心学术委员会主任。

4月23日，在北京举办的生物大分子稳态与衰老学术研讨会上作报告《蛋白质降解与衰老的相关性》。

4月，担任中山大学抗衰老研究中心第一届学术委员会主席。

11月，担任首都医科大学北京市肿瘤侵袭和转移机制研究重点实验室第一届学术委员会委员。

12月，与张宗玉共同参加九三学社中央第三次科学座谈会。

2015年

4月11日，与张宗玉一同被推选为"抗衰老寿星教授"。

4月，担任深圳大学抗衰老与再生医学中心学术委员会主席。

10月，被聘为《中国大百科全书——现代医学》（第三版）副主编。

2016年

1月1日，担任《生理科学进展》编辑委员会副主编。

3月18日，领导完成的研究论文 SIRT1 overexpression antagonizes cellular senescence with activated ERK/S6k1 signaling in human diploid fibroblasts 获 2015 年度北京大学医学部 SCI 论文引用奖。

4月17日，应邀出席中法老年医学高峰论坛 2016 暨第二届中国老年医学研究机构联盟大会，并作主题报告《人为什么老》。

9月，被评选为北京市师德榜样。

担任美国国立卫生研究院中国联谊会顾问。

2017年

1月6日，参加北京大学基础医学院 2016 年工作总结暨表彰大会。

3月7日，参加北京大学医学部生物化学与分子生物学系师生员工大会。

3月31日—4月3日，参加第六届中国衰老与抗衰老学术大会暨第五届全国老年基础与转化医学论坛。

4 月 28—29 日，在浙江绍兴参加健康中国 2030 系列研讨会之老年人群医疗护疗养圆桌会议，并作主题报告《新世纪初叶老年基础医学研究的两大热点》。

5 月 18 日，在北京会议中心参加 2017 年北京学者选拔评审会。

5 月 25 日，参加 2013 年度教育部新世纪人才结题验收会议。

5 月 26 日，参加"973"项目 2017 年学术交流会。

6 月 29 日，参加北京大学基础医学院学术委员会。

10 月 26 日，参加北京大学医学部校庆讲述交流会。

10 月 27—29 日，在宁波市参加第六届中国老年健康论坛暨首届健康产业峰会·2017 宁波。28 日上午做大会学术报告《肿瘤与衰老》。

11 月 3—5 日，赴上海参加两年一次的中国生物物理学大会，会议正式成立衰老生物学分会。作为衰老生物学协会的荣誉主任委员在开幕式上作报告《分子生物学在老年疾病研究中的应用》。

11 月 21 日，在北京铁道大厦进行"973"项目三大成果汇报。

11 月 23 日，在北京医院参加 2017 中国工程院学术活动——抗衰老与老年医学前沿技术研究大会，并在大会上作报告《细胞生物学与分子生物学在老年疾病研究中的应用》。

12 月 17 日，作为咨询组专家参加国家重点研发计划"蛋白质机器与生命过程调控"重点专项"蛋白质机器在肿瘤发生、发展和转移中的作用"2017 年度总结研讨会。

2018 年

4 月 22 日，参加在北京大学召开的细胞增殖与分化教育部重点实验室 2017 年学术年会和第二届学术委员会第二次会议，并受聘为荣誉学术委员。

4 月 24 日，在北京大学基础医学院参加人口老龄化专题研究报告撰写。

5 月 12 日，参加中国科学院院士大会。

5 月 18 日，受邀参加北京医院成立国家老年医学中心会议，并受聘为国家老年医学中心科学指导委员会委员。

5 月 27 日，参加中国科学院第十九次院士大会。

5月28日，参加两院院士大会开幕式。

5月29日，上午进行院士学术报告，下午在京西宾馆东楼会议厅参加李克强总理作经济社会发展形势报告会。

5月30日，在人民大会堂参加"科协成立60周年，百名科学家、百名科技工作者座谈会"。下午在北京会议中心参加陈嘉庚奖颁奖典礼。

2019 年

4月12日，在芜湖参加中国抗衰老科技与健康精准干预峰会。

4月13日，参观芜湖工业园区和芜湖工业园区无创血糖检测技术与新产品。

5月12日，作为项目专家，在北京参加由中科院动物所承担的"主动健康和老龄化科技应对"重点专项"灵长类增龄相关健康状态减损的生物学基础"项目启动会。围绕项目涉及的部分难点及热点问题进行探讨和交流，明确实施方案，落实各承担单位的工作职责，以推动项目顺利开展。

2020 年

1月3日，应邀提名科学探索奖。

1月9日，在中国科学院大学礼堂出席中科院年度人物和年度团队颁奖典礼，并为2019年科学院年度人物颁奖。

5月22日，应中国科学报社（医学编辑部）主编张思玮邀请，参加"2020重大科学问题和工程技术难题征集评选"。

5月25日，作为评委，参加"2020重大科学问题和工程技术难题征集评选"终审会议。

附录二　童坦君主要论著目录

一、主编著作

[1] 童坦君, 张宗玉. 医学老年学——衰老与长寿 [M]. 北京: 人民卫生出版社, 1995.

[2] 张迺蘅, 童坦君. 医学分子生物学 [M]. 北京: 北京医科大学出版社, 1999.

[3] 童坦君. 生物化学 [M]. 北京: 北京大学医学出版社, 2003.

[4] 张宗玉, 童坦君. 健健康康活百岁　有滋有味过百年 [M]. 北京: 北京大学医学出版社, 2006.

[5] 童坦君, 张宗玉. 医学老年学 (第二版) [M]. 北京: 人民卫生出版社, 2006.

[6] 童坦君, 李刚. 生物化学 (第二版) [M]. 北京: 北京大学医学出版社, 2009.

[7] 童坦君. 医用生物化学 (初版) [M]. 台北: 合记书局, 2011.

二、参编著作

［1］童坦君. 蛋白质的生物合成［M］// 北京医学院. 生物化学. 北京：人民卫生出版社，1978.

［2］童坦君. 核酸的结构与功能［M］// 上海第一医学院. 医用生物化学. 北京：人民卫生出版社，1979.

［3］童坦君. 蛋白质生物合成［M］// 上海第一医学院. 医用生物化学. 北京：人民卫生出版社，1979.

［4］童坦君. 蛋白质生物合成的调节［M］// 上海第一医学院. 医用生物化学. 北京：人民卫生出版社，1979.

［5］童坦君. 蛋白质生物合成与医学的关系［M］// 上海第一医学院. 医用生物化学. 北京：人民卫生出版社，1979.

［6］童坦君，张昌颖. 蛋白质生物合成［M］// 张昌颖. 生物化学（第二版）. 北京：人民卫生出版社，1985.

［7］周爱儒，童坦君. 肝脏的代谢功能［M］// 郑芝田. 胃肠病学. 北京：人民卫生出版社，1986.

［8］童坦君. 3H 胸苷参入核酸的实验［M］// 生物化学编审小组. 生物化学实验指导. 北京：人民卫生出版社，1987.

［9］童坦君. 获得诺贝尔奖奖金的生物化学家小传［M］// 李经纬，程之范. 中国医学百科全书·医学史分卷. 上海：上海科技出版社，1987.

［10］童坦君，顾天爵. 基因重组与基因工程［M］// 顾天爵. 生物化学（第三版）. 北京：人民卫生出版社，1989.

［11］童坦君. 血清蛋白质与酶的测定［C］// 张龙翔，吴国利. 高级生物化学实验选编. 北京：高等教育出版社，1989.

［12］童坦君. 操纵子［M］// 张昌颖. 中国医学百科全书·生物化学分卷. 上海：上海科技出版社，1989.

［13］Chen JH，Shen DF，Tong TJ，et al. The Pleiotropic roles of RF-36 nucleic acid binding protein：DNA topology and receptor response in crystallin gene expression［M］// In Papas，TS（ed.）. Advance in Applied Biotechnology Series. Greek：Gulf Publishing Co.，1989.

［14］卢静轩，童坦君. 医学分子生物学［M］// 高潮，虞孝国，宋之琪. 医学未来学. 武汉：湖北科学技术出版社，1992.

［15］童坦君. 蛋白质生物合成［M］// 张昌颖. 核酸的生物化学. 北京：人民卫生出版社，1993.

［16］童坦君. 蛋白质生物合成与基因表达调控［M］// 任邦哲. 生物化学与临床. 长沙：湖南科技出版社，1993.

［17］童坦君，周爱儒. 肝脏的代谢功能［M］// 郑芝田. 胃肠病学（第二版）. 北京：人民卫生出版社，1993.

［18］汪慧良，童坦君. 生物化学全国高等教育自学考试教材［M］. 北京：光明日报出版社，1994.

［19］童坦君，张宗玉. 衰老过程中的细胞生长调控［M］// 何慧德. 中国老年研究要览. 北京：北京医科大学／协和医科大学联合出版社，1994.

［20］童坦君，彭勇. 肽类生长因子的作用机理研究［M］// 陆士新. 中国癌症研究进展（第1卷）. 昆明：云南科技出版社，1994.

［21］童坦君. 代谢调节［M］// 张迺蘅. 生物化学. 北京：北京医科大学／协和医科大学联合出版社，1995.

［22］童坦君. 蛋白质生物合成［M］// 张迺蘅. 生物化学. 北京：北京医科大学／协和医科大学联合出版社，1995.

［23］童坦君. 基因重组与基因工程［M］// 刘秉文，冯宗忱. 生物化学多选题及题解（第二版）. 上海：上海医科大学出版社，1996.

［24］李秀琴，童坦君. 衰老机理［M］// 李立明. 老年保健流行病学. 北京：北京医科大学／协和医科大学联合出版社，1996.

［25］张宗玉，童坦君. 衰老的分子机理研究进展［C］// 刘风云，郑应馨，刘亚民. 老年人与癌症. 济南：黄河出版社，1997.

［26］童坦君，张宗玉. 衰老机理研究进展［C］// 陶国枢主编《现代老年医学进展》，北京：中国科学技术出版社，1997.

［27］童坦君，张宗玉. 衰老和长寿的分子机理［C］//钱伟长. 王宽诚教育基金会学术讲座汇编（第14集）. 上海：上海大学出版社，1997.

［28］童坦君. 遗传信息的翻译［M］//徐晓利，马涧泉. 医学生物化学. 北京：人民卫生出版社，1998.

［29］童坦君. 分子生物学与分子遗传学技术［C］//陈可冀，李春生. 新编抗衰老中药学. 北京：人民卫生出版社，1998.

［30］姜琨，童坦君，吴昊，等. 反义c-erbB2重组载体对胃癌细胞系恶性表型的影响［C］//郑树. 中国癌症研究进展（第3卷）. 北京：军事医学科学出版社，1998.

［31］姜琨，童坦君，YE Chin. ErbB-2过度表达的抑制与胃癌细胞增殖调控［C］//王文亮. 中国癌症研究进展（第4卷）. 广州：暨南大学出版社，1998.

［32］王向东，任庆虎，陈培利，等. HER-2基因打靶对Hela细胞增殖的影响［C］//王文亮. 中国癌症研究进展（第4卷）. 广州：暨南大学出版社，1998.

［33］李滨，童坦君. 核酸分子探针的标记［C］//张均田. 现代药理实验方法. 北京：北京医科大学/协和医科大学联合出版社，1998.

［34］李滨，童坦君. 核酸分子杂交［C］//张均田. 现代药理实验方法（第二章）. 北京：北京医科大学/协和医科大学联合出版社，1998.

［35］李滨，童坦君. 多聚酶链反应（PCR）［C］//张均田. 现代药理实验方法（第三章）. 北京：北京医科大学/协和医科大学联合出版社，1998.

［36］童坦君，张宗玉. 基因的不稳定性与老年性痴呆发病机理［C］//陈可冀. 跨世纪脑科学——老年性痴呆致病机理与防治. 北京：北京医科大学/协和医科大学联合出版社，1998.

［37］张宗玉，童坦君. 衰老基因和长寿基因研究进展［C］//陈可冀. 跨世纪脑科学——老年性痴呆致病机理与防治. 北京：北京医科大学/协和医科大学联合出版社，1998.

［38］童坦君. 代谢调节［M］//张迺蘅. 生物化学. 北京：北京医科大

学／协和医科大学联合出版社，1999.

［39］童坦君. 蛋白质生物合成［M］// 张迺蘅. 生物化学. 北京：北京
医科大学／协和医科大学联合出版社，1999.

［40］张宗玉，童坦君. 衰老基因和长寿基因研究进展［C］// 马永兴，王
传馥，石风英. 老龄化与老年医学新进展. 上海：上海医科大学出
版社，1999.

［41］童坦君，张宗玉. 阿尔茨海默病相关基因研究进展［C］// 马永兴，
王传馥，石风英. 老龄化与老年医学新进展. 上海：上海医科大学
出版社，1999.

［42］李滨，毛泽斌，张宗玉. 心肌细胞的物质代谢和能量代谢［C］// 苏
静娴，李澈，苏哲坦. 心脏：从基础到临床. 北京：北京医科大学／
协和医科大学联合出版社，1999.

［43］张宗玉，童坦君. 人为何会衰老［C］// 刘岱岳，余传隆. 人生百岁
不是梦. 北京：中国医药科技出版社，1999.

［44］张宗玉，童坦君. 衰老基因与长寿基因的研究概况［C］// 刘岱岳，
余传隆. 人生百岁不是梦. 北京：中国医药科技出版社，1999.

［45］童坦君，彭勇，李建义. 表皮生长因子非经典作用途径的存在［C］//
国家自然科学基金委员会. 国家自然科学基金资助项目研究成果年
报：生命科学，1997-1998. 北京：科学出版社，1999.

［46］童坦君. 表皮生长因子对原癌基因的调控作用［C］// 王欣南. 国家
自然科学基金资助高技术探索项目研究成果摘要选编（一）. 北京：
国家自然科学基金委员会生命科学部（内部资料），1999.

［47］童坦君. 蛋白质的生物合成［C］// 唐军民. 国家执业医师资格统一
考试教程：基础医学综合分册. 西安：世界图书出版公司，2000.

［48］童坦君. 生长因子［C］// 邹承鲁. 当代生物学前沿. 北京：中国致
公出版社，2000.

［49］童坦君，张宗玉. 衰老［C］// 邹承鲁. 当代生物学前沿. 北京：中
国致公出版社，2000.

［50］童坦君，张晓伟，张宗玉. 端聚酶在肿瘤及延缓衰老研究中的应用

与局限性［C］// 戴旭东. 中国癌症研究进展（第5卷）. 北京：军事医学科学出版社，2000.

［51］童坦君，周爱儒. 肝脏的代谢功能［M］// 郑芝田. 胃肠病学（第三版）. 北京：人民卫生出版社，2000.

［52］童坦君，张宗玉. 细胞衰老的分子机理［M］// 王琳芳. 医学分子生物学原理. 北京：高等教育出版社，2001.

［53］童坦君. 蛋白质的生物合成［C］// 李刚. 医学专业必修考试辅导丛书 – 生物化学. 北京：科学技术文献出版社，2001.

［54］童坦君，张宗玉. 细胞衰老的分子机理［M］// 王琳芳. 医学分子生物学原理. 北京：高等教育出版社，2001.

［55］童坦君. 衰老机制及其学说［C］// 姚景鹏. 老年护理学. 北京：北京医科大学出版社，2002.

［56］张宗玉，童坦君. 衰老与长寿的分子机制［C］// 耿德章. 中国老年医学. 北京：人民卫生出版社，2002.

［57］童坦君，张宗玉. 衰老机制及有关老年医学基础理论研究现状和建议［C］// 陈可冀. 老龄化中国：问题与对策. 北京：中国协和医科大学出版社，2002.

［58］童坦君. 蛋白质的生物合成［C］// 李刚. 生物化学——要点与自测. 北京：北京大学医学出版社，2003.

［59］童坦君. 蛋白质生物合成：翻译［M］// 陈诗书. 医学生物化学. 北京：科学出版社，2004.

［60］童坦君. 蛋白质生物合成［M］// 贾弘禔. 生物化学. 北京：北京大学医学出版社，2005.

［61］童坦君，张宗玉. 衰老机制及其学说［C］// 马永兴，俞卓伟. 现代衰老学. 北京：科学技术文献出版社，2008.

［62］童坦君，张宗玉. 衰老相关基因［C］// 马永兴，俞卓伟. 现代衰老学. 北京：科学技术文献出版社，2008.

［63］童坦君. 仰望北大［C］// 赵为民，郭俊玲. 精神的魅力. 北京：北京大学出版社，2008.

［64］童坦君，张宗玉. 衰老中细胞凋亡和基因表达的研究进展［C］// 张洪泉. 老年药理学与药物治疗学. 北京：人民卫生出版社，2010.

［65］童坦君. 人能活 200 岁吗？——漫话人类寿命长短的决定因素［C］// 周立军. 名家讲科普⑥. 北京：科学普及出版社，2011.

三、译校著作

［1］A. E. Smith. 蛋白质生物合成［M］. 童坦君，张宗玉，译. 北京：科学出版社，1980.

［2］H. G. J 沃恩，D. H 柯诺. 医学代谢途径［M］. 韩冠群，译，童坦君，校. 北京：人民卫生出版社，1985.

［3］E. 西姆. 膜生物化学［M］. 李敏媛，译，童坦君，校. 北京：人民卫生出版社，1985.

［4］C. C. Rider，C. B. Taylor. 同工酶［M］. 范培昌，译，颜季琼，童坦君，校. 北京：科学出版社，1987.

［5］Gary D. Christain. 分析化学［M］. 王令今，张振宇，译，童坦君，等校. 北京：化工出版社，1988.

［6］Fergus G. Priest. 细胞外酶［M］. 张宗玉，等译，童坦君，等校. 北京：科学出版社，1988.

四、中英论文

［1］Yuan F，Tong T. Nucleolus Modulates the Shuttle of Telomere Components between Nucleolus and Telomere［J］. Tumor Res，2018（4）：1.

［2］袁富文，童坦君. 细胞衰老与肿瘤治疗［J］. 生物化学与生物物理进展，2018，45（5）：494-500.

［3］Fuwen Yuan，Guodong Li，Tanjun Tong. Nucleolar and coiled-body phosphoprotein 1（NOLC1）regulates the nucleolar retention of TRF2. Cell Death Discov［J］. 2017，4（3）：17-43.

［4］Zhang Y，Tong T. FOXA1 antagonizes EZH2-mediated CDKN2A repression in carcinogenesis［J］. Biochem Biophys Res Commun，2014（453）：172-178.

［5］朱枫，马利伟，童坦君. mTOR 与 S6K 在衰老进程中的作用［J］. 生物化学与生物物理进展，2014，41（5）：443-448.

［6］程倩，袁富文，童坦君. 从分子水平看 c-Myc 在细胞衰老中的作用［J］. 生物化学与生物物理进展，2014，41（3）：266-271.

［7］赵干业，韩丽敏，童坦君. SITR6 功能与疾病研究进展［J］. 生理科学进展，2014，45（4）：299-303.

［8］高凌云，李国栋，童坦君. DNA 印迹法和实时定量 PCR 法在端粒长度测定中的应用比较［J］. 北京大学学报（医学版），2013，45（2）：297-302.

［9］李国栋，马宏，童坦君，等. 人胚肺成纤维细胞复制性衰老的基因表达变化［J］. 中国老年学杂志. 2012，32（15）：3216-3220.

［10］赵文婷，马利伟，童坦君. 细胞衰老抑制基因 CSIG 研究进展［J］. 生理科学进展，2012，43（4）：291-293.

［11］崔明，李国栋，童坦君. 人胚肺二倍体成纤维细胞衰老过程中 Wnt 信号抑制因子 DKK4 的表达研究［J］. 中国生物化学与分子生物学报，2010，26（10）：911-917.

［12］李国栋，阎雪冬，童坦君，等. 不同鼠龄脾细胞对过氧化氢诱导 DNA 损伤的修复能力分析［J］. 中国老年学杂志，2010，31（4）：599-601.

［13］高凌云，李国栋，童坦君. 小分子物质延缓衰老分子机制研究进展［J］. 生物化学与生物物理进展，2010，37（9）：932-938.

［14］童坦君，张宗玉. 从分子水平看适度限食、适量运动对衰老进程的影响［J］. 老年医学与健康，2010，16（6）：321-322.

［15］童坦君. 诚恳做人　实在做事　为衰老之谜解扣［J］. 生理科学进展，2010，41（1）：1-10.

［16］Feng Tian，Tan-Jun Tong，Zong-Yu Zhang，et al. Age-Dependent

Down-Regulation of Mitochondrial 8-Oxoguanine DNA Glycosylase in SAM-P/8 Mouse Brain and Its Effect on Brain [J]. Rejuvenation Research, 2009, 12（3）: 209-215.

[17] 童坦君, 张宗玉. 加强"环境对衰老影响"的研究——关注适度节食与适量运动影响基因及其产物的着力点 [J]. 北京大学学报（医学版）, 2009, 41（3）: 263-265.

[18] 童坦君, 张宗玉. 衰老机制及其学说 [J]. 生理科学进展, 2007, 38（1）: 14-18.

[19] 薛丽香, 张宗玉, 童坦君. 抑癌基因 p33ING1b 对人胚肺二倍体成纤维细胞衰老进程影响的机制研究 [J]. 中华老年医学杂志, 2006, 25（3）: 165-167.

[20] 吴军峰, 童坦君, 张宗玉. 人成纤维细胞转录因子 Sp1/Sp3 对 p16[INK4a] 基因的调控 [J]. 中国生物化学与分子生物学报, 2005, 21（1）: 88-93.

[21] Zhao L, Zhang ZY, Tong TJ. Expression of the Leo1-like Domain of Replicative Senescence Down-regulated Leo1-like（RDL）Protein Promotes Senescence of 2BS Fibroblasts [J]. The FASEB Journal, 2005, 19（6）: 521-532.

[22] 张宗玉, 童坦君. 细胞衰老生物学年龄指征的研究 [J]. 中国老年病杂志. 2005, 2（4）: 175-177.

[23] Shuzhen Guo, Zhongyu Zhang, Tanjun Tong. Cloning and characterization of cellular senescence-associated genes in human fibroblast cell by suppression subtractive hybridization [J]. Experimental Cell Research, 2004, 298（2）: 465-472.

[24] 郭淑贞, 童坦君, 张宗玉. 抑制性消减杂交筛选细胞衰老相关基因 [J]. 中华老年医志, 2004, 23（3）: 179-183.

[25] 赵亮, 童坦君, 张宗玉. 消减杂交筛选 2BS 细胞衰老过程中差异表达基因 [J]. 中国生物化学与分子生物学报, 2004, 20（3）: 311-318.

［26］王培昌，张宗玉，童坦君. 染料木黄酮对 ICR 小鼠抗氧化能力及 AGE 水平的影响［J］. 中国老年学杂志，2004，24（6）：538-540.

［27］金军华，张铁梅，童坦君. 热量限制延缓衰老作用机制的研究进展［J］. 中华老年医学杂志，2004，23（1）：66-68.

［28］马利伟，张宗玉，童坦君. 抑癌基因的负转录调控［J］. 生命的化学，2004，24（1）：39-41.

［29］李珺，薛丽香，童坦君，等. 组蛋白密码［J］. 医学分子生物学杂志，2004，1（2）：100-103.

［30］马宏，张宗玉，童坦君. H_2O_2 诱发人成纤维细胞衰老样变化的基因表达谱［J］. 生物化学与生物物理进展，2003，30（1）：72-77.

［31］段建明，张宗玉，童坦君. 人衰老二倍体成纤维细胞对烷化剂损伤的应答［J］. 中华老年医学杂志. 2003，22（5）：288-291.

［32］Li Shuping，Zhang Zhongyu，Tong Tanjun. Phosphaphatidylinositol 3-kinase inhibitor，LY294002，induced senescence-like changes in human diploid fibroblast［J］. Chinese Medical Journal，2003，116（6）：901-905.

［33］郭淑贞，张宗玉，童坦君. 衰老相关新基因 CSIG 的 cDNA 克隆和功能［J］. 中国生物化学与分子生物学报，2003，19（5）：612-617.

［34］童坦君，张宗玉. 医学老年学基础研究的问题和对策［J］. 中国基础科学，2003（3）：20-25.

［35］郑全辉，张宗玉，童坦君. DNA 甲基化在细胞衰老中的作用［J］. 生命的化学，2003，23（4）：263-265.

［36］童坦君，张宗玉. 衰老机制的现代学说［J］. 中华老年保健医学杂志，2003，1（3）：3-6.

［37］于廷曦，朱应葆，童坦君. HR24L 基因过表达抑制细胞凋亡［J］. 北京大学学报（医学版），2002，34（1）：28-32.

［38］杨东丽，刘新文，童坦君，等. 年轻与衰老 2BS 细胞中差异表达基因片段的筛选及特征分析［J］. 中国生物化学与分子生物学报，2002，18（4）：456-460.

［39］马宏，张宗玉，童坦君. 表皮生长因子诱导人成纤维细胞基因表达

谱的变化［J］．细胞生物学杂志，2002，24（5）：313-315.

［40］Ma H，Zhang Z Y，Tong T J. The effects of epidermal growth factor on gene expression in the human fibroblasts［J］. In vitro cellular & developmental biology-animal，2002，38（8）：481-486.

［41］童坦君，张宗玉．细胞衰老过程中基因的结构与功能变化［J］．医学研究通讯，2002（2）：19-20.

［42］马宏，张宗玉，童坦君．衰老的生物学标志［J］．生理科学进展，2002，33（1）：65-68.

［43］童坦君，张宗玉．衰老相关基因研究进展［J］．现代实用医学，2002，14（3）：109-110.

［44］李淑萍，张宗玉，童坦君．衰老细胞相关信号传递系统［J］．实用老年医学，2002，16（2）：60-64.

［45］韩晓琳，张宗玉，童坦君．衰老过程中原癌基因及抑癌基因的表达谱［J］．生理科学进展，2002，33（2）：126-130.

［46］王培昌，张宗玉，童坦君．天然与人工合成化合物的延缓衰老作用［J］．华中医学杂志，2002，26（3）：136-137.

［47］郑文婕，张宗玉，童坦君．细胞衰老的重要通路：p16^{INK4a}/Rb 和 p19ARF/p53/p21^{Cip1} 信号途径［J］．生命的化学，2002，22（4）：314-316.

［48］薛丽香，张宗玉，童坦君．共转染技术在基因表达与功能研究方面的应用［J］．生命的化学，2002，22（4）：392-394.

［49］薛丽香，张宗玉，童坦君．报告基因的选择及其研究趋向［J］．生理科学进展，2002，33（4）：364-366.

［50］陈培利，童坦君，张宗玉．p16基因甲基化在人二倍体成纤维细胞衰老中的作用［J］．中华老年医学杂志，2001，20（1）：44-46.

［51］刘平湖，童坦君，张宗玉．细胞周期抑制因子 p16 可诱导人二倍体成纤维细胞产生衰老细胞样生长阻滞［J］．中华老年医学杂，2001，20（2）：128-131.

［52］陈培利，童坦君，张宗玉．DNA 去甲基化引起二倍体成纤维细胞端

区缩短并加速衰老进程［J］. 北京大学学报（医学版），2001，33（1）：
42−45.

［53］张晓伟，陈彦灵，童坦君. 端粒酶反义 cDNA 对乳腺癌细胞损伤修
复能力的影响［J］. 中国生物化学与分子生物学报，2001，17（3）：
401−405.

［54］张晓伟，童坦君. 端粒酶反义 cDNA 对乳腺癌恶性表型的影响［J］.
中国生物化学与分子生物学报，2001，17（3）：395−400.

［55］张茂，张宗玉，童坦君. 下调原癌基因 c-erbB-2 对细胞 DNA 修
复和凋亡的影响［J］. 生物化学与生物物理学报，2001，33（4）：
426−430.

［56］于廷曦，朱应葆，童坦君. HR24L 基因编码的蛋白质定位于细胞内
并参与细胞周期的调节［J］. 癌症，2001，20（5）：453−459.

［57］张晓伟，陈彦灵，童坦君. 端粒酶 RNA 的反义 cDNA 对乳腺癌细
胞凋亡的影响［J］. 中国生物化学与分子生物学报. 2001，17（4）：
447−452.

［58］于廷曦，朱应葆，童坦君. HeLa 细胞中 HR24L 基因的表达，DNA
损伤修复，G2/M 阻滞与电离辐射之间的关系［J］. 实验生物学报，
2001，34（3）：243−246.

［59］J Duan，Z Zhang，T Tong. Senescence Delay of Human Diploid
Fibroblast Induced by Anti-sense p16^{INK4a} Expression［J］. The Journal
of Biological Chemistry，2001，276（51）：48325−48331.

［60］山松，毛泽斌，童坦君. 未折叠蛋白反应——细胞内信号传导新途
径［J］. 生命科学，2001，13（1）：34−36.

［61］张宗玉. 童坦君. 老年病的分子机理［J］. 老年医学与保健，2001，
7（3）：131−133.

［62］郭淑贞，童坦君，张宗玉. 衰老相关基因的探索［J］. 生物化学与
生物物理进展，2001，28（4）：467−469.

［63］王涤平，童坦君. 利用互联网预测 cDNA 蛋白质产物的结构和功能［J］.
生物技术通讯，2001，12（2）：147−150.

[64] 李仁忠，童坦君，张宗玉. 沉默调控基因 Sir2 的结构与功能 [J]. 生命的化学，2001，21（6）：481-482.

[65] 黄英，张宗玉，童坦君. 人衰老成纤维细胞凋亡的可诱导性 [J]. 中华老年医学杂志，2000，19（3）：170-173.

[66] 张晓伟，童坦君. 端粒酶反义腺病毒载体对乳腺癌细胞 MCF-7 端粒酶的抑制 [J]. 中华病理学杂志，2000，29（3）：188-191.

[67] 黄英，张宗玉，童坦君. p21^{WAF1} 在丁酸钠诱导的人成纤维细胞凋亡中的表现 [J]. 生物化学与生物物理进展，2000，27（2）：182-185.

[68] 童坦君，张宗玉. 端粒酶的医学应用前景与局限性 [J]. 中华医学杂志，2000，80（3）：170-171.

[69] 刘新文，童坦君，张宗玉. 人类基因组中反转录转座子 [J]. 生物化学与生物物理进展，2000，27（1）：9-12.

[70] 陈彦灵，童坦君. 细胞凋亡是半胱天冬酶参与的复杂过程 [J]. 生命的化学，2000，20（2）：76-79.

[71] 翟鹏，童坦君. 基因科学的革命——基因芯片技术 [J]. 生理科学进展，2000，31（2）：135-139.

[72] 丁一，童坦君. 遗传不稳定性与人类肿瘤 [J]. 生命的化学，2000，20（1）：41-42.

[73] 陈培利，童坦君，张宗玉. DNA 甲基化对基因表达的影响及其在衰老过程中的表现 [J]. 国外医学 分子生物学分册，2000，22（3）：155-158.

[74] 童坦君，张宗玉. 衰老分子生物学在新世纪面临的机遇与挑战 [J]. 中华老年医学杂志，2000，19（3）：167-169.

[75] 赵亮，张宗玉，童坦君. 生物体衰老与复制衰老——体内与体外研究 [J]. 生理科学进展，2000，31（3）：205-210.

[76] 童坦君，张宗玉. 衰老进程及人类寿限与内环境的联系与我们的对策 [J]. 中国康复医学杂志，2000，15（4）：12-15.

[77] Liu Y, Tong TJ. The growth-inhibiting epidermal pentapeptide,

pyroGlu-Glu-Asp-Ser-GlyOH, inhibits growth and alters gene expression in non-transformed NC3H10 and transformed TC3H10 fibroblasts [J]. Oncology Reports, 1999, 6（2）: 445-449.

［78］Jiang K, Qin Y, Tong TJ. The decline of human gastric cancer cells proliferation and responsiveness to EGF by down-regulation of c-erbB-2 expression [J]. Progress in Natural Science, 1999, 9（4）: 273-278.

［79］姜琨, 高琳, 童坦君. erbB-2表达抑制与EGF对p21, p53基因转录活性的促进 [J]. 中国生物化学与分子生物学报, 1999, 15（1）: 154-156.

［80］王文恭, 童坦君. 人乳腺癌MCF-7细胞系凋亡过程中bcl-2基因的结合蛋白 [J]. 中国生物化学与分子生物学报, 1999, 15（4）: 655-657.

［81］段建明, 张宗玉, 童坦君. 人衰老成纤维细胞经紫外线损伤后的DNA修复和细胞周期调控 [J]. 中国生物化学与分子生物学报, 1999, 15（4）: 646-650.

［82］姜琨, YE Chin, 童坦君, 等. ErbB-2表达下调抑制人胃癌细胞增殖与EGF反应性的机制探讨 [J]. 自然科学进展, 1999, 9（2）: 145-150.

［83］阎雪冬, 张宗玉, 童坦君. 老年小鼠脾细胞DNA修复能力的变化及gadd45, gadd153基因的可诱导性改变 [J]. 北京医科学大学报, 1999, 31（4）: 289-292.

［84］张晓伟, 廖海妮, 童坦君. 端粒酶反义cDNA对乳腺癌细胞端区长度的影响 [J]. 生物化学与生物物理学报, 1999, 31（5）: 527-530.

［85］王文恭, 童坦君. 小鼠成纤维细胞凋亡过程中bcl-2基因的结合蛋白 [J]. 生物化学与生物物理进展, 1999, 26（6）: 563-566.

［86］童坦君, 张宗玉. 衰老机理与衰老学说——国内外衰老研究综述 [J]. 科技导报, 1999,（9）: 39-42.

［87］汪维, 童坦君. 胆固醇合成途径的关键酶: HMG辅酶A还原酶和疾病 [J]. 生理科学进展, 1999, 30（1）: 5-9.

[88] 陈培利，童坦君. β 淀粉样蛋白前体基因表达的研究进展 [J]. 生命科学，1999，11（1）：21-26.

[89] 杨龙，黄英，童坦君. 基因重组技术在衰老研究中的应用 [J]. 生命的化学，1999，19（1）：27-28.

[90] 陈培利，童坦君，张宗玉. 载脂蛋白 E 与 Alzheimer 病 [J]. 老年医学与保健，1999，5（1）：12-14.

[91] 童坦君，张宗玉. 阿尔茨海默病相关基因研究进展 [J]. 中华医学杂志，1999，79（2）：158-160.

[92] 陈培利，童坦君，张宗玉. Alzheimer 氏病淀粉样蛋白前体的研究进展 [J]. 生物化学与生物物理进展，1999，26（2）：105-108.

[93] 廖海妮，童坦君，张宗玉. Alzheimer 病与细胞凋亡 [J]. 生命的化学，1999，19（3）：141-143.

[94] 高琳，童坦君. 肿瘤治疗研究的新热点——端粒酶活性的抑制 [J]. 生命科学，1999，11（增刊）：17-19.

[95] 丁一，童坦君. 微卫星不稳定性的生物学意义及其应用前景 [J]. 生理科学进展，1999，30（4）：292-296.

[96] 于廷曦，朱应葆，童坦君. DNA 损伤与细胞周期调控 [J]. 生物化学与生物物理进展，1999，26（4）：350-354.

[97] 姜琨，秦樾，童坦君. erbB-2 表达抑制与表皮生长因子刺激对转录激活分子及细胞周期蛋白 D1 的影响 [J]. 北京医科大学学报，1998，30（3）：205-208.

[98] 张晓伟，童坦君，王福山. 绿色荧光蛋白 cDNA 在腺病毒重组载体转染中的应用 [J]. 生物化学与生物物理进展，1998，25（3）：266-268.

[99] 姜琨，童坦君. erbB-2 与胃癌细胞恶性表型及其增殖调控的关系 [J]. 中国生物化学与分子生物学学报，1998，14（4）：457-462.

[100] 王文恭，童坦君. 细胞凋亡过程中 c-erbB-2 基因的表达 [J]. 中国生物化学与分子生物学学报，1998，14（3）：314-331.

[101] 王文恭，童坦君. 细胞凋亡过程中 bcl-2 基因的甲基化 [J]. 中国

生物化学与分子生物学学报，1998，14（3）：309-313.

［102］王文恭，童坦君. 小鼠成纤维细胞凋亡过程中 p53 与 bcl-2 表达的时序性［J］. 中国生物化学与分子生物学学报，1998，14（3）：318-321.

［103］Li L Y，Chen M H，Tong T J，et al. The molecular basis of Chinese herbs（Astragali and Angelica）on increasing serum albumin synthesis in nephrotic rats［J］. Nephrology，1998，4（5-6）：373-378.

［104］张宗玉，童坦君. 长寿基因与衰老基因［J］. 健康指南，1998，（6）：5-6.

［105］Mao Z B，Zhang Z Y，Tong T J. Induction of c-fos/c-myc expression by epidermal growth factor decreases with alteration of their gene binding proteins in senescent fibroblasts［J］. Chinese Medical Journal（English Ed），1997，110（10）：755-759.

［106］毛泽斌，张宗玉，童坦君. DNA 去甲基化对细胞衰老的影响［J］. 生物化学杂志，1997，13（3）：318-321.

［107］毛泽斌，张宗玉，童坦君. 衰老细胞转录因子 AP1/CREB 结合活性对 EGF 的可诱导性下降［J］. 生物化学杂志，1997，13（4）：474-477.

［108］张宗玉，范新青，童坦君. 人胚肺二倍体成纤维细胞端区长度的代龄变化［J］. 生物化学杂志，1997，13（1）：43-45.

［109］张宗玉，范新青，童坦君. 中国人外周血白细胞端区长度随增龄缩短［J］. 生物化学杂志，1997，13（5）：605-607.

［110］毛泽斌，张宗玉，童坦君. 老年细胞原癌基因 c-fos，c-myc 基因可诱导性减退［J］. 中华老年医学杂志，1997，16（1）：9-11.

［111］毛泽斌，张宗玉，童坦君. 人衰老成纤维细胞 c-myc 原癌基因的损伤修复［J］. 北京医科大学学报，1997，29（1）：27-38.

［112］王福山，张晓伟，童坦君. 定点整合型基因治疗腺病毒载体的构建［J］. 北京医科大学学报，1997，29（4）：295-298.

［113］王文恭，窦亚丽，童坦君. 人乳腺癌 MCF-7 细胞凋亡过程中 p53

与 bcl-2 表达的时序性［J］. 北京医科大学学报，1997，29（6）：490-492.

［114］张宗玉，童坦君. 衰老与长寿的分子机理［J］. 香港老年学报，1997，11（1）：30-37.

［115］张宗玉，童坦君. "衰老基因"和"长寿基因"研究进展［J］. 中华老年医学杂志，1997，16（1）：58-60.

［116］任庆虎，童坦君. 组蛋白乙酰化在转录调节中的作用［J］. 生物化学与生物物理进展，1997，24（4）：309-312.

［117］任庆虎，张宗玉，童坦君. DNA 错配修复［J］. 生命的化学，1997，17（4）：19-22.

［118］杨东丽，张宗玉，童坦君. 基因差异性表达与衰老［J］. 生理科学进展，1997，28（2）：142-144.

［119］刘祥麟，童坦君，赵伟，等. 用 S1 核酸酶方法测定 AC-616 晶体蛋白基因转录起始点［J］. 细胞生物学杂志，1996，18（3）：140-143.

［120］范新青，张宗玉，童坦君. HeLa 细胞中端区与端粒酶的实验研究［J］. 北京医科大学学报，1996，28（4）：265-267.

［121］王名越，刘永民，童坦君. 表皮生长因子对 I 型胰岛素样生长因子基因表达的影［J］. 青岛医学院学报，1996，32（1）：35-36.

［122］姜琨，童坦君. 原癌基因 c-erbB2 研究进展［J］. 中华医学杂志，1996，76（2）：158-160.

［123］杨东丽，张宗玉，童坦君. 细胞凋亡与衰老［J］. 生理科学进展，1996，27（1）：64-66.

［124］范新青，张宗玉，童坦君. 衰老生物学标志［J］. 生命科学，1996，8（2）：31-33.

［125］刘平湖，童坦君. 细胞周期负调控［J］. 细胞生物学杂志，1996，18（4）：149-153.

［126］窦亚丽，童坦君. 真核生物 DNA 复制起始调控［J］. 生物化学与生物物理进展，1996，23（6）：492-497.

［127］王向东，童坦君. 基因打靶及其应用［J］. 生物化学与生物物理进展，1996，23（6）：500-505.

［128］张宗玉，童坦君. 衰老机理的分子生物学研究进展［J］. 科技导报，1996，（6）：14-16.

［129］张宗玉，童坦君. 衰老机理的分子生物学［J］. 中国老年学杂志，1996，16（5）：81-85.

［130］刘英，童坦君. 新型生长抑肽对成纤维细胞的 DNA 合成及某些癌基因表达的影响［J］. 生物化学杂志，1995，11（1）：35-39.

［131］童坦君，蔡家新. 表皮生长因子对辐射转化的小鼠成纤维细胞细胞周期的调节作用［J］. 科学通报，1995，40（12）：1140-1143.

［132］卢明，童坦君，何洛文，等. 三苯氧胺和雌二醇对大鼠子宫雌激素受体的竞争性结合作用［J］. 生物化学杂志，1995，11（4）：425-429.

［133］李建义，童坦君. 神经生长因子对成纤维细胞游离细胞核的促转录作用［J］. 北京医科大学学报，1995，27（4）：246-248.

［134］李建义，童坦君. 表皮生长因子对游离细胞核特异基因转录的影响［J］. 生物化学杂志，1995，11（5）：529-534.

［135］李滨，彭勇，童坦君. 正常和转化的 C3H 小鼠胚胎成纤维细胞 neu 基因结构的初步研究［J］. 生物化学杂志，1995，11（5）：525-528.

［136］Li J H, Zhang Z Y, Tong T J. The proliferative response and anti-oncogene expression in old 2BS cells after growth factor stimulation［J］. Mechanisms of Ageing and Development，1995，80（1）：25-34.

［137］唐佐琴，张宗玉，童坦君. 表皮生长因子对人衰老成纤维细胞 EGFR 基因及 HER-2 基因表达的诱导［J］. 中华老年医学杂志，1995，14（2）：102-105.

［138］赵贵升，童坦君. 肽类生长因子的临床应用前景［J］. 中华医学杂志，1995，75（6）：375-377.

［139］李滨，童坦君. p53 基因研究新进展［J］. 国外医学－分子生物学

分册，1995，17（3）：106-109.

[140] 彭小冬，童坦君. mRNA 运输，定位，降解与翻译起动在基因表达中的作用 [J]. 生命科学，1995，7（5）：11-14.

[141] 彭小冬，童坦君. 基因表达的转录后与翻译起始调控 [J]. 生命的化学，1995，15（2）：13-14.

[142] 张晓伟，童坦君. 真核生物 DNA 复制与细胞周期的关系 [J]. 国外医学－分子生物学分册，1995，17（6）：251-254.

[143] 童坦君，张宗玉. "衰老基因"与"长寿基因"[J]. 生命的化学，1995，15（3）：34-35.

[144] 彭勇，童坦君，张昌颖. 表皮生长因子对细胞核转录活性的直接作用 [J]. 生物化学杂志，1994，10（4）：476-480.

[145] 李建义，童坦君. 肽类生长因子对游离细胞核中拓扑异构酶的影响 [J]. 生物化学杂志，1994，10（4）：487-490.

[146] 蔡家新，童坦君. 表皮生长因子对 p34cdc2 激酶活性的影响 [J]. 生物化学与生物物理学报，1994，26（4）：423-426.

[147] 蔡家新，童坦君. 表皮生长因子对鼠胚成纤维细胞细胞周期的调节作用 [J]. 生物化学杂志，1994，10（2）：218-222.

[148] 李滨，童坦君. 单链构型多态分析检测胃癌 erbB-2 基因异常 [J]. 中华医学杂志，1994，74（7）：440-441.

[149] 李江红，张宗玉，童坦君. 表皮生长因子对衰老 2BS 细胞抗癌基因表达的影响 [J]. 中华老年医学杂志，1994，13（4）：195-197.

[150] 李江红，张宗玉，童坦君. 肽类生长因子对抗癌基因的诱导作用 [J]. 生物化学杂志，1994，10（5）：626-629.

[151] 李滨，童坦君. 射线转化小鼠胚胎成纤维细胞 p53 基因异常检测 [J]. 北京医科大学学报，1994，26（5）：363.

[152] 刘平湖，童坦君. 磷酸化／脱磷酸化与细胞周期调控 [J]. 生命的化学，1994，14（5）：32-34.

[153] 金曼林，童坦君. 成纤维细胞生长因子研究进展 [J]. 生理科学进展，1994，25（2）：157-160.

［154］蔡家新，童坦君. 细胞周期蛋白［J］. 生理科学进展，1994，25（4）：157-160.

［155］李江红，张宗玉，童坦君. 衰老细胞的生长抑制因子研究进展［J］. 国外医学－老年医学分册，1994，15（3）：97-100.

［156］彭勇，童坦君，张昌颖. 表皮生长因子对 DNA 甲基化影响的研究［J］. 中国科学（B 辑），1993，23（3）：291-296.

［157］彭勇，童坦君，张昌颖. EGF 对 EGFR 基因和 c-fos，c-myc 原癌基因结合蛋白质的影响［J］. 生物化学杂志，1993，9（4）：400-405.

［158］彭勇，童坦君，张昌颖. 恶性转化的成纤维细胞表皮生长因子受体的研究［J］. 生物化学杂志，1993，9（1）：51-55.

［159］彭勇，童坦君，张昌颖. 表皮生长因子与正常细胞和恶性转化细胞核的结合［J］. 生物化学与生物物理学报，1993，25（3）：255-261.

［160］彭勇，童坦君. 成纤维细胞表皮生长因子的胞吞和向细胞核转移研究［J］. 实验生物学报，1993，26（3）：179-186.

［161］郑元盛，童坦君. 表皮生长因子受体基因，c-myc 基因在射线转化细胞中的表达［J］. 生物化学与生物物理学报，1993，25（1）：83-87.

［162］刘晓林，童坦君. 胰岛素与环核苷酸对射线转化细胞 DNA 合成的影响［J］. 北京医科大学学报，1993，25（3）：168-170.

［163］童坦君. p53 的抑癌原理及应用前景［J］. 生命的化学，1993，13（1）：7-10.

［164］李滨，童坦君. 视网膜母细胞瘤基因与细胞生长调控［J］. 北京医科大学学报，1993，25（1）：65-66.

［165］蔡家新，童坦君. p34cde2 激酶的研究新进展［J］. 生理科学进展，1993，24（2）：119-112.

［166］李建义，童坦君. 抗癌基因 p53 的研究新进展［J］. 生理科学进展，1993，24（2）：137-141.

[167] 李建义，童坦君. 螺旋－环区－螺旋蛋白质——DNA结合蛋白的新类型 [J]. 生物化学与生物物理进展，1993，20（1）：11-14.

[168] 汪玉，徐爱民，童坦君. SH2结构与酪氨酸磷酸化网络 [J]. 生命的化学，1993，13（5）：17-19.

[169] 张宗玉，童坦君. 衰老的分子机理 [J]. 中华老年医学杂志，1993，12（2）：122-124.

[170] 倪菊华，张宗玉，童坦君. 端粒酶与衰老关系初探 [J]. 生命的化学，1993，13（6）：34-35.

[171] 王丽辉，童坦君. 神经生长因子对成纤维细胞生长的负调节作用 [J]. 生物化学与生物物理进展，1992，19（6）：463-465.

[172] 王丽辉，童坦君，郑玉蓉. 表皮生长因子对转化的小鼠成纤维细胞DNA拓扑异构酶的影响 [J]. 生物化学杂志，1992，8（6）：706-710.

[173] 郑元盛，童坦君. 表皮生长因子对neu基因表达的诱导作用 [J]. 实验生物学报，1992，25（4）：413-416.

[174] 王丽辉，童坦君. 神经生长因子 [J]. 生物化学与生物物理进展，1992，19（1）：29-34.

[175] 刘英，童坦君. 细胞生长的负调节因子 [J]. 生理科学进展，1992，23（1）：26-29.

[176] 黄昭扬，王新娟，童坦君. 基因治疗的研究进展 [J]. 国外医学－分子生物学分册，1992，14（1）：16-19.

[177] 唐佐琴，张宗玉，童坦君. 癌基因与衰老以及肿瘤发病的相互关系 [J]. 生理科学进展，1992，23（1）：58-62.

[178] 姜琨，童坦君. fos与jun癌基因产物的结构特点及其转录调控的作用研究进展 [J]. 生物化学与生物物理进展，1992，19（4）：254-258.

[179] 童坦君，卢静轩. 医学分子生物学面临的挑战与对策 [J]. 中华医学杂志，1992，72（11）：643-646.

[180] 江胜贤，童坦君. 高血压病发病机制的研究进展 [J]. 国外医学－

心血管疾病分册，1992，10（5）：262-264.

［181］童坦君，王新娟. 细胞生长调控与蛋白激酶 A 同工酶［J］. 生理科学进展，1992，23（4）：346-347.

［182］李滨，童坦君. 肿瘤抑制基因 p53 及其基因产物［J］. 北京医科大学学报，1992，24（6）：503-504.

［183］江胜贤，童坦君. 细胞介素与内分泌功能［J］. 国外医学 - 内分泌分册，1992，12（4）：175-177.

［184］Yu L M，Zhong J，Tong T J. 64DP in the nucleus of human hepatocyte［J］. Chinese Journal of Cancer Research，1991，3（3）：1-5.

［185］Chen J H，Tong T J，Zhang L. Rapid enhancement of "MIP" 26Kda protein phosphorylation by RF-36 nucleic acid binding protein in lens cells［J］. Lens & Eye Toxicity Research，1991，8（4）：469-487.

［186］於利敏，童坦君，姜众，等. 64DP 与人染色质的结合反应及细胞核内 64DP 的检测［J］. 生物化学杂志，1991，7（4）：482-486.

［187］郑元盛，童坦君. 表皮生长因子受体基因及其相关基因与肿瘤的关系［J］. 国外医学 - 分子生物学分册，1991，13（1）：26-29.

［188］孙诠，童坦君. SH 基蛋白酶抑制肽——Cystatins［J］. 国外医学 - 分子生物学分册，1991，13（1）：1-3.

［189］彭勇，童坦君. 肽类生长因子的核受体研究［J］. 生物化学与生物物理进展，1991，18（3）：182-186.

［190］童坦君. 生长因子的调控机制研究［J］. 生物科学信息，1991，3（4）：6-9.

［191］战洪生，童坦君. 转化生长因子［J］. 国外医学 - 分子生物学分册，1991，13（5）：236-240.

［192］刘宇红，龚秋明，童坦君. 艾氏腹水癌患鼠腹水中一种高分子量 DNA 结合蛋白的分离［J］. 生物化学杂志，1990，6（3）：264-267.

［193］黄平，石星源，童坦君. 小鼠成纤维细胞的辐射转化对染色质蛋白激酶活性的影响［J］. 生物化学与生物物理学报，1990，22（5）：

483-486.

［194］吴平，童坦君. 表皮生长因子受体［J］. 生理科学进展，1990，21（2）：134-138.

［195］周显波，童坦君. 白细胞介素与肿瘤［J］. 国外医学 - 分子生物学分册，1990，12（2）：64-68.

［196］南新升，张宗玉，童坦君，等. 衰老的遗传控制［J］. 老年学杂志，1990，10（2）：109-111.

［197］许立成，童坦君. 酪氨酸蛋白激酶研究中磷酰氨基酸的快速分离与鉴定［J］. 北京医科大学学报，1989，21（3）：180-182.

［198］陈鸣，童坦君，张昌颖. 以酶标免疫吸附法测定大鼠肝脏精氨酸酶含量［J］. 生物化学杂志，1989，5（4）：313-318.

［199］黄平，石星源，童坦君. 表皮生长因子对正常细胞与转化细胞染色质蛋白激酶活性的影响［J］. 生物化学杂志，1989，5（6）：503-508.

［200］许立成，童坦君，张昌颖. 转化细胞及腹水癌细胞对生长调节因子敏感性的研究［J］. 生物化学杂志，1988，4（2）：103-108.

［201］於利敏，童坦君，张昌颖. ELISA 检测肿瘤患者血清 64DP［J］. 生物化学杂志，1988，4（3）：263-268.

［202］许立成，童坦君. 表皮生长因子对细胞生长和增殖的调节作用［J］. 生理科学进展，1988，19（1）：36-39.

［203］许立成，童坦君，张昌颖，等. 3H-TdR 转化细胞蛋白质酪氨酸残基的特异磷酸化［J］. 生物化学杂志，1987，3（6）：567-569.

［204］於利敏，童坦君，张昌颖. 一种具有抑制糜蛋白酶活性的血清 DNA 结合蛋白质的纯化和理化特性［J］. 生物化学杂志，1987，3（5）：441-448.

［205］许立成，童坦君. 血小板衍生的生长因子［J］. 生物化学杂志，1987，3（6）：490-497.

［206］童坦君. 蛋白质的合成及其调节的研究进展［J］. 生物学通报，1987（2）：19-22.

［207］黄石，童坦君．翻译水平的调控在基因表达中的作用［J］．生命的化学，1987，7（3）：16-20.

［208］於利敏，童坦君，张昌颖，等．癌症患者血清 DNA 结合蛋白质总量的改变［J］．生物化学杂志，1986，2（4）：93-95.

［209］於利敏，龚秋明，童坦君，等．人和小鼠血清 DNA 结合蛋白质的比较研究［J］．生物化学杂志，1986，2（2）：27-32.

［210］於利敏，童坦君，张昌颖．1 抗糜蛋白酶［J］．生物化学杂志，1986，2（6）：1-4.

［211］Tong T J, Yang S X, Sun Q. DNA-binding protein in the serum of mice［J］. Kexue Tongbao（Science Bulletin），1985（3）：388-390.

［212］童坦君，刘德勇．燕窝糖肽的分离与鉴定［J］．科学通报，1985，30（12）：949-952.

［213］童坦君，杨世欣，孙诠，等．小鼠血清脱氧核糖核酸结合蛋白的研究［J］．科学通报，1984，29（11）：26-29.

［214］童坦君，孙诠，杨世欣，等．患癌小鼠血清脱氧核糖核酸结合蛋白的研究［J］．中华医学杂志，1984，64（5）：291-293.

［215］龚秋明，童坦君．体液脱氧核糖核酸结合蛋白的研究 III. 非癌疾患血清脱氧核糖核酸结合蛋白［J］．北京医学院学报，1984，16（1）：26-29.

［216］吴虹，童坦君，杨世欣．微量蛋白质的电泳提纯法［J］．生理科学，1984，4（5）：98.

［217］杨世欣，童坦君．脱氧核糖核酸纤维素的简易制备法［J］．生理科学进展，1984，15（1）：95-96.

［218］童坦君，张宗玉．庞大的美国国立卫生研究院（NIH）［J］．生命的化学，1982，2（6）：49-52.

［219］周爱儒，童坦君，陈明．体液抑癌活性的专一性［J］．中国科学（B辑），1980（10）：1011-1016.

［220］童坦君．抑素［J］．生物化学与生物物理进展，1980（3）：35-40.

［221］Tong T J, Chen M. Cancer-suppressive activity of biological fluids［J］.

Scientia Sinica，1979，22（7）835-843.

［222］童坦君，张洒蘅. 哺乳动物信使核糖核酸的结构与功能［J］. 生理科学进展，1979，10（1）：68-75.

［223］童坦君，陈明. 体液的抑癌活性［J］. 中国科学，1978（6）：694-702.

［224］童坦君，张昌颖. 哺乳动物体内蛋白质生物合成的调节［J］. 生物化学与生物物理进展，1978（5）：40-43.

［225］童坦君. 抑素——内源性组织特异的细胞增殖抑制物［J］. 北京医学院学报，1976（1）：58-64.

［226］童坦君. 抑素与癌［J］. 国外医学－肿瘤学分册，1976（4）：147-155.

［227］童坦君. 蛋白质的生物合成［J］. 科学通报，1975（4）：162-172.

［228］童坦君，刘思职. 肝癌大鼠的氨解毒及解毒机制的初步研究［J］. 生物化学与生物物理学报，1965（5）：618-627.

［229］童坦君，刘思职. 肝癌大鼠的氨解毒［J］. 北京医学院学报，1964（4）：247-250.

参考文献

［1］童坦君，刘思职. 肝癌大鼠的氨解毒研究［J］. 北京医学院学报，1965（4）：247-250.

［2］北京医学院生物化学教研室（童坦君）. 蛋白质的生物合成［J］. 科学通报，1975（4）：162-172.

［3］童坦君. 抑素——内源性组织特异的细胞增殖抑制物［J］. 北京医学院学报，1976，8（1）：58-64.

［4］童坦君. 抑素与癌［J］. 国外医学：肿瘤学分册，1976（4）：147-155.

［5］童坦君，陈明. 体液的抑癌活性［J］. 中国科学，1978（6）：694-702.

［6］北京医学院. 生物化学［M］. 北京：人民卫生出版社，1978.

［7］上海第一医学院. 医用生物化学［M］. 北京：人民卫生出版社，1979.

［8］童坦君. 蛋白质与肽的化学合成及顺序分析国际会议简讯［J］. 生理科学进展，1981（1）：39.

［9］张昌颖. 生物化学（第二版）［M］. 北京：人民卫生出版社，1985.

［10］郑芝田. 胃肠病学［M］. 北京：人民卫生出版社，1986.

［11］於利敏，童坦君，张昌颖，等. 癌症患者血清 DNA 结合蛋白质总量的改变［J］. 生物化学杂志，1986（4）：93-95.

［12］生物化学编审小组. 生物化学实验指导［M］. 北京：人民卫生出版社，1987.

［13］李经纬，程之范. 中国医学百科全书：医学史分卷［M］. 上海：上海科技出版社，1987.

［14］於利敏，童坦君，张昌颖. ELISA 检测肿瘤患者血清 64DP［J］. 生物化学杂志，1988（3）：263-268.

［15］刘宇红，龚秋明，童坦君. H_（22）腹水型肝癌患鼠血清中一种高分子量 DNA 结合蛋白的分离［J］. 北京医科大学学报，1989（5）：372.

［16］顾天爵. 生物化学（第三版）［M］. 北京：人民卫生出版社，1989.

［17］张龙翔，吴国利. 高级生物化学实验选编［M］. 北京：高等教育出版社，1989.

［18］张昌颖. 中国医学百科全书：生物化学分卷［M］. 上海：上海科技出版社，1989.

［19］翟原，於利敏，张宗玉，等. 肝癌细胞核内 DNA 结合蛋白的分类研究［J］. 北京医科大学学报，1990（5）：367.

［20］龚秋明，童坦君. 艾氏腹水癌患鼠血清高分子量 DNA 结合蛋白的分离与鉴定［J］. 北京医科大学学报，1991（1）：5.

［21］高潮，虞孝国，宋之琪. 医学未来学「M」. 武汉：湖北科学技术出版社，1992.

［22］张昌颖. 核酸的生物化学［M］. 北京：人民卫生出版社，1993.

［23］郑芝田. 胃肠病学（第二版）［M］. 北京：人民卫生出版社，1993.

［24］何慧德. 中国老年研究要览［M］. 北京：北京医科大学 / 协和医科大学联合出版社，1994.

［25］陆士新. 中国癌症研究进展（第 1 卷）［M］. 昆明：云南科技出版社，1994.

［26］童坦君. 抗癌热点——化学防癌［J］. 生理科学进展，1994（2）：136.

［27］聂广，伍欣星. 医学分子生物学：当代医学的带头学科［J］. 医学与哲学，1995，16（9）：449-451.

［28］张迺蘅. 生物化学［M］. 北京：北京医科大学 / 协和医科大学联合出版社，1995.

［29］童坦君，张宗玉. 医学老年学：衰老与长寿［M］. 北京：人民卫生出版社，1995.

［30］童坦君，张宗玉. "衰老基因" 与 "长寿基因"［J］. 生命的化学，1995，15（3）：34-35.

［31］李立明. 老年保健流行病学［M］. 北京：北京医科大学／协和医科大学联合出版社，1996.

［32］陈可冀，李春生. 新编抗衰老中药学［M］. 北京：人民卫生出版社，1998.

［33］张廼蘅. 生物化学［M］. 北京：北京医科大学／协和医科大学联合出版社，1999.

［34］马永兴，王传馥，石风英. 老龄化与老年医学新进展［M］. 上海：上海医科大学出版社，1999.

［35］刘岱岳，余传隆. 人生百岁不是梦［M］. 北京：中国医药科技出版社，1999.

［36］童坦君，张宗玉. 衰老机理与衰老学说——国内外衰老研究综述［J］. 科技导报，1999（9）：39-42.

［37］童坦君，张宗玉. 阿尔茨海默病相关基因研究进展［J］. 中华医学杂志，1999（79）：158-160.

［38］张廼蘅，童坦君. 医学分子生物学［M］. 北京：北京医科大学出版社，1999.

［39］童坦君，张宗玉. 衰老分子生物学在新世纪面临的机遇与挑战［J］. 中华老年医学杂志，2000，19（3）：167-169.

［40］王琳芳. 医学分子生物学原理［M］. 北京：高等教育出版社，2001.

［41］徐建辉. 穿越时空的 CUSPEA［EB/OL］. 2002-06. http://www.cas.cn/xw/gndt/200906/t20090608_612927.html.

［42］李刚. 生物化学——要点与自测［M］. 北京：北京大学医学出版社，2003.

［43］童坦君. 生物化学［M］. 北京：北京大学医学出版社，2003.

［44］施晓光. 创建真正意义上的美国大学：吉尔曼与约翰·霍普金斯大学的崛起［J］. 外国教育研究，2004，31（169）：37-40.

［45］梁永钰，张大庆. 重启中美医学交流：以《美中交流通讯》为例［J］. 中国科技史料，2004，25（2）：117-132.

［46］陈谷纲，王云鹏，刘丹华. 试论中国博士后制度的创新［J］. 中国高教研究，2004（11）：56-58.

［47］周峰. 独具特色　前程似锦——中国博士后制度实施二十年历程回眸［J］. 中国人才，2005（21）：14-17.

［48］陈小科，张大庆. CUSBEA 项目及其对中国生命科学发展的影响［J］. 自然

辩证法通讯，2006，28（1）：53-61.

［49］张宗玉，童坦君. 健健康康活百岁 有滋有味过百年［M］. 北京：北京大学医学出版社，2006.

［50］童坦君，张宗玉. 医学老年学（第二版）［M］. 北京：人民卫生出版社，2006.

［51］姚云，张爽. 中国博士后制度反思与前瞻［J］. 高教发展与评估，2006，22（5）：1-7.

［52］周德喜. 浅议中国特色的博士后制度［J］. 天津市教科院学报，2006（2）：65-67.

［53］童坦君，张宗玉. 衰老机制及其学说［J］. 生理科学进展，2007，38（1）：14-18.

［54］顾迈男. 李政道与中国赴美留学生项目［J］. 百年潮，2008（11）：60-65.

［55］姚锐. 美国博士后制度：经验与问题［J］. 中国高教研究，2009（11）：57-60.

［56］姚云. 美国博士后制度的特点及其启示［J］. 教育研究，2009（12）：85-90.

［57］童坦君，李刚. 生物化学（第二版）［M］. 北京：北京大学医学出版社，2009.

［58］童坦君，张宗玉. 加强"环境对衰老影响"的研究——关注适度节食与适量运动影响基因及其产物的着力点［J］. 北京大学学报（医学版），2009，41（3）：263-265.

［59］张洪泉. 老年药理学与药物治疗学［M］. 北京：人民卫生出版社，2010.

［60］童坦君. 诚恳做人 实在做事 为衰老之谜解扣［J］. 生理科学进展，2010，41（1）：1-10.

［61］马灵筠，席守民，杨五彪. 生物化学与分子生物学在医学教育中的重要性及教育探索［J］. 西北医学教育，2010，18（2）：319-321.

［62］周立军. 名家讲科普［M］. 北京：科学普及出版社，2011.

［63］童坦君. 医用生物化学（初版）［M］. 台北：合记书局，2011.

［64］童坦君. 中国医学院士文库：童坦君院士集［M］. 北京：人民军医出版社，2014.

［65］赵干业，韩丽敏，童坦君. SIRT6功能与疾病研究进展［J］. 生理科学进展，2014，45（4）：299-303.

［66］钱江. 1978：留学改变人生［M］. 成都：四川人民出版社，2017.

［67］Chen JH, Shen DF, Tong TJ, et al. The Pleiotropic roles of RF-36 nucleic acid binding protein：DNA topology and receptor response in crystallin gene expression. In Papas, TS (ed.) "Advance in Applied Biotechnology Series"［M］. Greek：Gulf Publishing Co, 1989.

［68］Wang W, Wu J, Zhang Z, et al. Characterization of Regulatory Elements on the Promoter Region of p16^{INK4a} that Contribute to Overexpression of p16 in Senescent Fibroblasts［J］. J. Biol. Chem., 2001, 276 (52)：48655-48661.

［69］Duan J, Zhang Z, Tong T. Senescence Delay of Human Diploid Fibroblast Induced by Anti-sense p16^{INK4a} Expression［J］. J. Biol. Chem., 2001, 276(51)：48325-48331.

［70］Wang P, Zhang Z, Ma X, et al. HDTIC-1 and HDTIC-2, two compounds extracted from Astragali Radix, delay replicative senescence of human diploid fibroblasts［J］. Mech. Age. Dev., 2003, 124 (10-12)：1025-1034.

［71］Zheng W, Wang H, Xue L, et al. Regulation of cellular senescence and p16^{INK4a} expression by Id1 and E47 proteins in human diploid fibroblast［J］. J. Biol. Chem., 2004, 279 (30)：31524-31532.

［72］Ma H, Li R, Zhang Z, et al. mRNA level of alpha-2-macroglobulin as an aging biomarker of human fibroblasts in culture［J］. Exp. Gerontol., 2004, 39 (3)：415-421.

［73］Zheng QH, Ma LW, Zhu WG, et al. p21$^{WAF1/Cip1}$ plays a critical role in modulating senescence through changes of DNA methylation［J］. Journal of Cellular Biochemistry, 2006, 98 (5)：1230-1248.

［74］Huang J, Gan Q, Han L, et al. SIRT1 overexpression antagonizes cellular senescence with activated ERK/S6k1 signaling in human diploid fibroblasts［J］. PLoS One, 2008, 3 (3)：e1710.

［75］Gan Q, Huang J, Zhou R, et al. PPAR accelerates cellular senescence by inducing p16^{INK4a} expression in human diploid fibroblasts［J］. J. Cell. Sci., 2008 (121)：2235-2245.

［76］Ma L, Chang N, Guo S, et al. CSIG Inhibits PTEN translation in replicative senescence［J］. Mol. Cell. Biol., 2008, 28 (20)：6290-6301.

[77] Zhou R, Han L, Li G, et al. Senescence delay and repression of p16^{INK4a} by Lsh via recruitment of histone deacetylases in human diploid fibroblasts [J] .Nucleic Acids Res, 2009, 37 (15): 5183—5196.

[78] Han L, Zhou R, Niu J, et al. SIRT1 is regulated by a PPAR–γ–SIRT1 negative feedback loop associated with senescence [J]. Nucleic Acids Res, 2010, 38 (21): 7458—7471.

[79] Cao X, Xue L, Han L, et al. WWP1 delays cellular senescence by promoting p27kip1 degradation in human diploid fibroblasts [J]. J. Biol. Chem., 2011, 286 (38): 33447—33456.

[80] Chen T, Xue L, Niu J, et al. The retinoblastoma protein selectively represses E2F1 targets via a TAAC DNA element during cellular senescence [J]. J. Biol. Chem., 2012, 287 (44): 37540—37551.

[81] Li Q, Zhang Y, Fu J, et al. FOXA1 mediates p16^{INK4a} Activation during Cellular Senescence [J]. EMBO J., 2013, 32 (6): 858—873.

[82] Wang P, Han L, Shen H, et al. Protein kinase D1 is essential for Ras-induced senescence and tumor suppression by regulating senescence–associated inflammation [J]. PNAS, 2014, 111 (21): 7683—7688.

[83] Cheng Q, Yuan F, Lu F, et al. CSIG promotes hepatocellular carcinoma proliferation by activating c–MYC expression [J]. Oncotarget, 2015, 6 (7): 4733—4744.

[84] Zhao G, Wang H, Xu C, et al. SIRT6 delays cellular senescence by promoting p27Kip1 ubiquitin–proteasome degradation [J]. Aging, 2016, 8 (10): 2308—2323.

[85] Wang H, Han L, Zhao G, et al. hnRNP A1 antagonizes cellular senescence and senescence–associated secret ory phenotype via regulation of SIRT1 mRNA stability [J]. Aging Cell, 2016, 15 (6): 1063—1073.

[86] Yuan F, Zhang Y, Ma L, et al. Enhanced NOLC1 promotes cell senescence and represses hepatocellular carcinoma cell proliferation by disturbing the organization of nucleolus [J]. Aging Cell, 2017, 16 (4): 726—737.

后 记

从 2010 年老科学家学术成长资料采集过程启动以来，我先后以采集小组组长的身份参加了三位老院士的采集工作。第一位老院士是中国工程院院士张涤生（1916—2015），中国整形外科专家。身为临床专家，与患者直接接触，因此张涤生院士的传记有很多有血有肉的故事，写起来感觉很生动。第二位老院士是中国工程院院士刘玉清（1923— ），医学影像学专家。他的工作直接与放射科相关，审读 X 片是其强项，放射科医生虽是临床医生，但不直接参与临床诊治，因此刘玉清院士的传记内容就与临床若即若离，生动性弱了一些。第三位老院士就是中国科学院院士童坦君（1934— ），中国生物化学专家，专门在实验室从事科学研究。他的工作不与患者打交道，而是直接与肉眼看不见的小分子过招。因此，在童院士身边没有发生与患者直接相关的故事，在撰写传记时是难度最大的。正是因为遇到了三位医学领域中不同研究方向的科学大家，使我在采集工作中对老院士们有了更深刻的了解，对采集工作有了更深刻的体会。

三位老院士，前两位是工程院院士，第三位是科学院院士。他们的学科不同，工作方式迥异，但是三位院士身上勤奋努力、敬业爱岗、勇担责任、求索创新、德才兼备、不甘落后、瞄准国际、敢于超越的科学精神是相通的，是值得后学终生学习的。

童坦君院士虽已年过八旬，却是我采访的三位老先生中最年轻的院士。童坦君院士是学术严谨的实验室科学家，平日言语不多，但是在他身上还是给我留下了很多感人的地方。虽然自己也是一名高校教师，但并没有专门接受过教学教法的专业培训，只是研究生毕业后即留校工作，在教研室老先生的指导和帮助下，凭借自己对教学的热爱走上讲台。如今自己也招收硕士生、博士生和博士后，但对于如何分别指导这些学术层次不同的学生尚缺乏系统研究。在与童坦君院士接触的过程中，他对教育教学的思考给了我很大的帮助。童坦君院士不仅科研工作做得好，而且对教学工作也有很多有见地的观点。比如，他总结出硕士生以"学习和培养为主"，博士生以"培养与使用相结合"，博士后"要强调使用、效益和产出"，这对我在高校教师成长的道路上有很大的启发。

童坦君团队的组会制度也让我这个从事医学史专业的教师受益无穷。自然科学与人文历史科学之间有区别，但也有相同之处，对科学的认真态度是永远不变的科研准则。科学要严谨，学术要自由，学问要自觉。严格的组会制度对于培养学生大有裨益。

在即将结束本次采集工作的时候，代表采集小组感谢给我们提供帮助的所有人员。李国栋、李志芳积极参加了采集培训，杨鸿滔、全芳填写了采集资料，刘赫铮、胡云天投入传记的撰写，王茜雅参与资料整理，程陶朱参与口述访谈。童坦君院士、张宗玉教授以及童院士的胞妹接受我们的采访，童坦君的同学蒋大卫、童坦君昔日的学生张晓伟、毛泽斌，童坦君的同事李刚、周春燕、刘新文、孙英等多位老师接受访谈，程绰亮和摄像公司的老师提供了专业帮助。中国科协和北京市科协采集办公室的老师们耐心地给予业务指导，评审专家给予很多专业性的建议。在此，对于各位老师的辛勤付出一并表示感谢！

最后，感谢中国科协和北京市科协给予我多次参与采集工程的工作机会，使我接触到这么多杰出的科学家。他们身上迸发出的科学家精神让我永生难忘，他们严谨踏实、敬业治学的态度值得我永远学习。

感谢我采访过的老院士们，无论你们身在何处，我都将以你们为榜样，做一个脚踏实地的科学人。

　　感谢童坦君院士支持我完成采集工作，并在无形中指导我如何做高校教师、如何做学生的导师、如何做学生的朋友、如何做无愧于祖国的中国人！

甄　橙

辛丑年二月于北京大学医学部

老科学家学术成长资料采集工程丛书
已出版（110种）

《卷舒开合任天真：何泽慧传》　　《此生情怀寄树草：张宏达传》

《从红壤到黄土：朱显谟传》　　　《梦里麦田是金黄：庄巧生传》

《山水人生：陈梦熊传》　　　　　《大音希声：应崇福传》

《做一辈子研究生：林为干传》　　《寻找地层深处的光：田在艺传》

《剑指苍穹：陈士橹传》　　　　　《举重若重：徐光宪传》

《情系山河：张光斗传》　　　　　《魂牵心系原子梦：钱三强传》

《金霉素·牛棚·生物固氮：沈善炯传》　《往事皆烟：朱尊权传》

《胸怀大气：陶诗言传》　　　　　《智者乐水：林秉南传》

《本然化成：谢毓元传》　　　　　《远望情怀：许学彦传》

《一个共产党员的数学人生：谷超豪传》　《没有盲区的天空：王越传》

《含章可贞：秦含章传》　　　　　《行有则　知无涯：罗沛霖传》

《精业济群：彭司勋传》　　　　　《为了孩子的明天：张金哲传》

《肝胆相照：吴孟超传》　　　　　《梦想成真：张树政传》

《新青胜蓝惟所盼：陆婉珍传》　　《情系梁菽：卢良恕传》

《核动力道路上的垦荒牛：彭士禄传》　《笺草释木六十年：王文采传》

《探赜索隐　止于至善：蔡启瑞传》　《妙手生花：张涤生传》

《碧空丹心：李敏华传》　　　　　《硅芯筑梦：王守武传》

《仁术宏愿：盛志勇传》　　　　　《云卷云舒：黄士松传》

《踏遍青山矿业新：裴荣富传》　　《让核技术接地气：陈子元传》

《求索军事医学之路：程天民传》　《论文写在大地上：徐锦堂传》

《一心向学：陈清如传》　　　　　《钤记：张兴钤传》

《许身为国最难忘：陈能宽传》　　《寻找沃土：赵其国传》